다양한 주제를 통해 배우는
고급 러시아어 ²

다양한 주제를 통해 배우는 고급 러시아어 2

© Р. А. Кулькова·백준현, 2013

1판 1쇄 발행_ 2013년 08월 30일
1판 2쇄 발행_ 2016년 12월 20일

지은이 __ Р. А. Кулькова·백준현
펴낸이 __ 홍정표

펴낸곳 __ 글로벌콘텐츠
         등록 __ 제 25100-2008-24호

공급처 __ (주)글로벌콘텐츠출판그룹
         대표 __ 홍정표   이사 __ 양정섭   편집디자인 __ 김미미   기획·마케팅 __ 노경민
         주소 __ 서울특별시 강동구 천중로 196 정일빌딩 401호   전화 __ 02-488-3280   팩스 __ 02-488-3281
         홈페이지 __ www.gcbook.co.kr

값 13,800원
ISBN 978-89-93908-78-7 03790

·본 연구는 2013학년도 상명대학교 교내연구비를 지원받아 수행하였습니다.

русский язык как иностранный

материалы для развития речи на продвинутом этапе
большой выбор тем для беседы
часть 2

다양한 주제를 통해 배우는
고급 러시아어 ²

Р. А. Кулькова • 백준현 공저

글로벌콘텐츠

Предисловие • 머리말 •

Данная книга представляет собой пособие по развитию речи для продвинутого этапа, предназначенное корейским учащимся второго и третьего года обучения для занятий под руководством преподавателя. Его можно рассматривать как продолжение пособия 다양한 주제를 통해 배우는 고급 러시아어(Русский язык через разные темы) (Сеул, 2011), в которой были разработаны 8 тем по развитию речи. Здесь представлены 8 новых тем.

Содержание текстов представляет собой результат обобщения большого количества научно-популярной литературы и материалов периодики.

Цель пособия – выработка навыков и умений в области устной разговорной речи. Этой цели служат *компактные проблемные тексты-тезисы общечеловеческого содержания как стимулы для беседы.* В текстах-тезисах представлены *разные точки зрения* на какую-то проблему. Это, как показывает многолетняя работа с подобными материалами, не может не вызывать учащихся на разговор.

Для достижения максимального эффекта в работе желательно придерживаться следующих принципов.

1. Учащиеся могут сами выбирать тему для очередной беседы (большинством голосов).

2. Уроку должна предшествовать домашняя работа учащихся:

перевод текста, составление плана своего ответа с использованием двуязычного словаря.

3. На каждом уроке важно напоминать учащимся, чтобы они включали в свою речь выражения, типичные для русской беседы: для этого раздел книги «Речевые стереотипы» должен быть всегда у них перед глазами.

4. Преподаватель также должен использовать как можно больше русских речевых стереотипов. Например:

* В начале урока: *Всем здравстуйте! (Здравствуйте, все!) Рассаживайтесь поудобнее. Спасибо, что нашли время и пришли на нашу беседу. Я сделаю все, чтобы беседа была интересной. Давайте приложим усилия, чтобы беседа прошла интересно, конструктивно* и др.

* В ходе беседы: *Выскажите своё мнение. Говорите смелее, не стесняйтесь. Нам интересны вы и ваше мнение. То, что вы говорите, очень важно и интересно. Совершенно правильно говорите- золотые слова! / Не соласен с вами. Не могу присоединиться к вашему мнению!* и др.

* В конце беседы. *Спасибо за вашу активность, активное участие в беседе. Вы интересные люди. С вами было интересно. Беседа была яркой и полезной, мы узнали много нового о теме и друг о друге. Всех вам благ: счастья, здоровья, добрых слов и добрых встреч! Увидимся через 5 дней, на следующей неделе. Я пошёл. До встречи через неделю!* и др.

Авторы пользуются случаем, чтобы выразить свою благодарность В.В. Слепченко за то, что он принял участие в отборе и обсуждении лексического материала трёх из восьми тем пособия.

к.ф.н. Р. А. Кулькова

Предисловие · 머리말 ·

이 책은 대학에서 러시아어를 약 2년 정도 배운 학생들, 혹은 그 외의 방법을 통해서 중급 정도의 러시아어 문법, 어휘 실력을 쌓은 학습자들을 위해서 다양하고도 현실감 넘치는 러시아어 자료를 제공하고 있다. 이 책의 목적은 딱딱하고 시대에 뒤떨어진 텍스트를 지양하고, 21세기 러시아의 신문, 잡지, 방송, 문예창작물 등에서 가장 많이 다루어지는 주제들을 생동감 넘치는 어휘들과 함께 제시함으로써 중급과 고급의 러시아어 독해, 토론, 작문 실력을 배양하는 것이다. 이를 위해서 공저자들은 적절한 주제를 선정, 집필하여 수차례의 교정을 통해 보다 현실감 있는 텍스트를 만들었으며, 다양한 방식의 능동적 학습 자료를 부가함으로써 학생들의 학습 의욕을 불러일으킬 수 있도록 노력하였다.

이 책은 주제별로 10개 내외의 소항목으로 분류된 독해 텍스트들이 나온 후 〈주요 구문과 표현〉 부분을 통해 각 항목 내의 가장 중요한 단어, 구문, 표현 등의 사용법을 익히도록 하였다. 내용이 다른 개별 항목들은 1, 2, 3…으로, 동일 항목 내에서의 세부 설명들은 가, 나, 다…로 순서화하였다. 이 부분의 예문들은 학습자들에게 실제적인 도움이 될 수 있는 문장들로 엄밀하게 검토해 작성한 것이므로 잘 학습하기 바란다. 연습문제의 첫 부분이라 할 수 있는 〈Обсуждаем высказывания〉는 텍스트와 관련되는 명제, 발언 등에 대해 토론해 보는 곳으로서 2권에 추가된 부분이다. 〈Разыгрываем диалоги〉는 텍스트 주제와 관련된 여러 가지 상황들 속에서 대화를 구성해 연습함으로써 회화 능력을 육성하는 부분이며, 〈Пишем сочинение〉는 제시된 주제에 대해 간단한 글쓰기를 함으로써 텍스트에서 익힌 주요 단어, 표현, 구문을 능동적으로 이용해 보는 부분이다. 〈보충 자료: 러시아 속담〉 부분을 통해서는 러시아어의 감칠 맛을 느낄 수 있을 것이다. 〈부록 1〉에는 러시아어 대화에 전형적으로 등장하는 표현들을 제시해 놓았으며, 〈부록 2〉에는 텍스트의 주요 어휘들을 정리하여 학습에 도움을 받도록 하였다.

이 책을 효율적으로 학습할 수 있는 관건은 무엇보다도 독해 텍스트를 집중해 읽으면서 현대 러시아어의 단어, 관용구, 구문 등을 점차적으로 자기 것으로 만들어 가는 것이다. 이것이 가능해져야지만 여타 학습 부분의 의미와 가치도 살아날 수 있다. 난해한 어휘나 표현이 있을 경우 〈부록 2〉의 도움을 받으면서 텍스트를 우리말로 옮기는 연습을 꾸준히 계속해 갈 것을 권장한다. 연습문제 시리즈를 풀 때는 〈부록 1〉의 도움을 받으면 좀 더 다양한 방식의 의견 표현이 가능할 것이라고 믿는다. 끝으로, 이 책이 나오는 동안 기다리고 도와주신 (주)글로벌콘텐츠출판그룹 양정섭 이사님과 노경민 대리님께 감사의 마음을 전한다. 러시아어의 또 하나 산을 넘어가는 데 이 책이 좋은 동반자가 되기를 기원한다.

백 준 현

머리말 / 4

주제1 나이에 관하여, 혹은 한 해 또 한 해, 하루 또 하루 / 11
О возрасте, или Год за годом, день за днём

주제2 빵 앞에서는 모두가 평등하다 / 39
Перед хлебом все равны

주제3 스포츠와 춤: 마술과 같은 움직임의 세계 / 63
Спорт и танцы: волшебный мир движения

주제4 이 신비로운 동물들… / 91
Эти загадочные животные…

주제5 재능은 땅 위의 귀중한 손님이다 / 123
Талант – дорогой гость на земле

주제 6   기술에 관하여, 혹은 손으로 만들어낸 기적들   /   **155**

O технике, или Чудеса рукотворные

주제 7   교육, 혹은 금팔찌처럼 빛나는 것   /   **183**

Образование, или Как золотой браслет на руке

주제 8   삶과 죽음은 한 번만 주어진다   /   **217**

И жизнь одна, и смерть одна

부록 1   러시아어 대화에 전형적으로 등장하는 표현 목록   /   **259**

Список речевых стереотипов, типичных для русской

беседы

부록 2   텍스트 이해를 위한 주제별(1~8) 핵심 단어와 표현들   /   **265**

Ключевые слова и выражения к темам 1~8

주제 1

나이에 관하여,
혹은 한 해 또 한 해, 하루 또 하루

Тема 1

О возрасте,
или Год за годом, день за днём

В не́которых стра́нах при пе́рвой же встре́че лю́ди спра́шивают друг дру́га о во́зрасте, и э́то но́рма, так при́нято. А в други́х стра́нах тако́й вопро́с (осо́бенно же́нщине) счита́ется оскорбле́нием. Кака́я тради́ция вам бо́льше нра́вится и почему́?

А вам интере́сно или нет, ско́лько лет окружа́ющим вас лю́дям? Или для вас гла́вное – ли́чность челове́ка, а его́ во́зраст не име́ет для вас большо́го значе́ния?

Предста́вьте, что вы не зна́ете, ско́лько вам лет. Челове́ком како́го во́зраста вы себя́ чу́вствуете? Или, мо́жет быть, в ра́зные моме́нты свое́й жи́зни вы чу́вствуете себя́ по-ра́зному: когда́-то – молоды́м и нео́пытным, а когда́-то – пожилы́м и умудрённым?

어떤 나라에서는 처음 만날 때 사람들이 서로 상대방에게 나이에 대해 묻는데, 이것이 표준이며 그렇게 받아들여집니다. 그런데 다른 나라에서는 그런 질문이 (특히 여성에게는) 모욕적인 것으로 여겨집니다. 당신에게는 어떤 전통이 더 마음에 들며, 그 이유는 무엇입니까?

당신의 주위 사람들이 몇 살이냐는 것이 당신에게는 흥미를 줍니까, 혹은 그렇지 않습니까? 또는 당신에게 중요한 것은 사람의 인성이고, 그의 나이는 당신에게 큰 의미를 가지지 않습니까?

당신이 몇 살이라는 것을 당신 자신이 모르고 있다고 상상해 보십시오, 당신은 자신이 몇 살 먹은 사람이라고 느껴집니까? 혹은, 인생의 여러 다른 순간들마다 당신은 자신을 다르게 - 어떤 때는 젊고 경험 없는 사람으로서, 그리고 어떤 때는 초로(初老)의 경험이 풍부한 사람으로서 - 느낄 수도 있지 않을까요?

주요 구문과 표현

предста́вить (себе́), что ~ ~라고 생각해 보다, ~라고 상상해 보다

· Предста́вьте (себе́), что вы познако́мились с президе́нтом Росси́и. О чём вы его́ спро́сите? 당신이 러시아 대통령과 만났다고 생각해 보십시오. 당신은 그에게 무엇에 대해 물어보겠습니까?

· Предста́вьте (себе́), что вы мо́жете встре́титься со свои́ми пре́дками. С кем бы вы хоте́ли встре́титься бо́льше всего́? 당신이 자신의 선조들과 만날 수 있다고 상상해 보십시오. 당신은 모든 이들 중 누구를 가장 만나고 싶겠습니까?

В большинстве́ стран лю́ди привы́кли ду́мать, что у челове́ка оди́н во́зраст – па́спортный, когда́ коли́чество лет начина́ют счита́ть со дня рожде́ния. Но в не́которых стра́нах, кро́ме э́того во́зраста, есть ещё друго́й во́зраст – с моме́нта зача́тия. Как вам ка́жется, для чего́ э́то ну́жно?

А иногда́ о во́зрасте челове́ка говоря́т иносказа́тельно: «Наша преподава́тельница – же́нщина бальза́ковского во́зраста, но вы́глядит прекра́сно», «Ты уже́ в во́зрасте Иису́са Христа́[1], а что ты успе́л сде́лать в свое́й жи́зни?», «Он прожи́л уже́ два во́зраста Пу́шкина[2], но ещё ничего́ не написа́л» или «Ему́ уже́ три во́зраста Ле́рмонтова[3], а он всё как ребёнок». Как вы ду́маете, почему́ так говоря́т? А каки́е мета́форы во́зраста есть в ва́шей стране́?

---

[1] Иисус Христос умер в возрасте 33 лет.

[2] А.С. Пушкин, русский поэт (1799~1837).

[3] М.Ю. Лермонтов, русский поэт (1814~1841).

2 나이는 어떻게 측정해야 하는가?

대부분의 나라에서 사람들은 생일부터 햇수를 세기 시작하는 신분증명서상의 나이 하나만 있다고 생각하는 데 익숙해져 있습니다. 하지만 어떤 나라들에서는 이 나이 외에 잉태의 순간부터 시작되는 또 다른 나이가 존재합니다. 무엇을 위해 이것이 필요하다고 보입니까?

간혹 사람의 나이에 대해 비유적으로 말하기도 합니다:《우리의 여선생님은 발자크 연령대의 여자이지만 아주 젊어 보여.》,《자넨 벌써 예수 그리스도의 나이인데 자신의 삶에서 무엇을 이루어 내었는가?》,《그는 이미 푸쉬킨의 두 배 나이를 살았지만 아직 아무 것도 써내지 못했다.》,《그는 이미 레르몬토프의 세 배 나이인데 여전히 어린애 같다.》왜 이런 말들을 한다고 생각합니까? 당신 나라에는 나이에 대한 어떤 은유적 표현들이 있습니까?

В день рожде́ния у ка́ждого челове́ка обы́чно быва́ет осо́бое настрое́ние, но ра́зные лю́ди отмеча́ют э́тот день по-ра́зному. Одни́ отмеча́ют его́ ка́ждый раз широко́ (в дорого́м рестора́не или до́ма с больши́м коли́чеством госте́й), да́же е́сли это не кру́глая да́та. Други́е отмеча́ют его́ скро́мно: в у́зком кругу́ ро́дственников, семьи́ или друзе́й. Тре́тьи не отмеча́ют ника́к, да́же е́сли есть на э́то сре́дства.

Како́й день рожде́ния в ва́шей жи́зни был са́мый ра́достный, а како́й – са́мый гру́стный? Отмеча́ли ли вы свой день рожде́ния вне до́ма: в командиро́вке, в путеше́ствии и т.д.?

주요 구문과 표현

가. **отмеча́ть что как** ～을 ～하게 기념하며 보내다(치르다)

· Звёзды кино́ лю́бят отмеча́ть свои́ дни рожде́ния о́чень широко́: приглаша́ют со́тни госте́й.
영화 스타들은 자신의 생일을 매우 성대하게 치르는 것을 좋아한다. 그들은 수백 명의 손님들을 초대한다.

생일에 모든 사람은 대개 특별한 기분이 됩니다만, 사람들은 이 날을 서로 다른 다양한 방식으로 기념하며 보냅니다. 어떤 사람들은 그 날이 비록 둥근 날짜가 아니더라도 매번 성대하게 (비싼 레스토랑에서 또는 많은 수의 손님들과 함께 집에서) 치릅니다. 다른 사람들은 그 날을 소박하게 치릅니다. 좁은 범위의 친척들, 가족 또는 친구들과 함께 말입니다. 세 번째 부류의 사람들은 그렇게 할 재원이 있다 하더라도 전혀 치르지 않습니다.

당신 생애의 어떤 생일이 가장 기뻤고 어떤 생일이 가장 우울했습니까? 당신은 자신의 생일을 집 밖에서, 즉 출장이나 여행 등등 중에 치른 적이 있습니까?

나. **отмеча́ть что в у́зком кругу́ + кого́** ~을 좁은 범위의 ~와 함께 치르다

· Лю́ди, у кото́рых нет сре́дств (де́нег), отмеча́ют дни рожде́ния в у́зком кругу́ друзе́й и́ли ро́дственников.
재원(돈)이 없는 사람들은 생일을 좁은 범위의 친구 또는 친척들과 함께 치른다.

4 | Чем старше, тем лучше? Чем старше, тем хуже?

Вре́мя меня́ет всё и всех. По ме́ре того́ как течёт вре́мя, что-то стано́вится не ху́же, а наоборо́т, лу́чше: наприме́р, конья́к. Скажи́те, а что ещё со вре́менем стано́вится лу́чше, ценне́е? А что от вре́мени стано́вится ху́же?

5 | Стесня́ться во́зраста? Горди́ться во́зрастом?

Вы уме́ете определя́ть во́зраст по вне́шности или ка́к-то по-друго́му? Как вы ду́маете, кто обы́чно скрыва́ет свой настоя́щий во́зраст: прибавля́ет го́ды или убавля́ет? Почему́? Вы понима́ете или осужда́ете э́то?

У вас в стране́ – культ мо́лодости или культ ста́рости?

4 나이 들수록 더 좋다? 나이 들수록 더 나쁘다?

    시간은 모든 것과 모든 사람들을 변하게 만듭니다. 시간이 흘러감에 따라 어떤 것은 더 나빠지지 않고 반대로 더 좋아지기도 합니다. 예를 들어 꼬냑이 그렇습니다. 시간에 따라 더 좋아지고 더 가치 있게 되는 것은 또 어떤 것이 있는지 말해 보십시오. 그런데 시간으로 인해서 더 나빠지는 것은 무엇이 있습니까?

5 나이에 대해 말하기 주저해야 하는가? 나이에 대해 자부심을 가져야 하는가?

    당신은 외모에 의해 또는 어떤 다른 방식에 의해 나이를 판정해 낼 수 있습니까? 나이를 더하든지 혹은 줄여서 자신의 진짜 나이를 숨기는 사람들은 대개 어떤 사람들이라고 생각합니까? 왜 그럴까요? 당신은 그 점을 이해합니까 또는 비난합니까?

    당신 나라에서는 젊음 또는 노년 중에서 무엇을 숭상합니까?

비난, 비판, 책망 등의 뉘앙스를 가지는 세 가지 동사들의 사용법을 알아 보자.

가. **осужда́ть/осуди́ть + кого, что** ~이 나쁜 것(잘못된 것)이라고 말하다(비난하다)

> · Наро́ды ми́ра осужда́ют во́йны. 전세계 국민들은 전쟁을 비난합니다.
> · Все осуди́ли его́ некраси́вый посту́пок.
>   모두가 그의 아름답지 못한 행동을 비난했다.

나. **критикова́ть/раскритикова́ть + кого, что** ~의 잘못된 점들에 대해 말하다(비판하다)

> · Ка́ждый наро́д вре́мя от вре́мени критику́ет своё прави́тельство.
>   모든 나라의 국민은 종종 자신의 정부를 비판하곤 한다.

다. **обвиня́ть/обвини́ть кого́ в чём** ~가 ~에 잘못이 있다고 말하다(책망하다, 비난하다)

> · Нельзя́ обвиня́ть преподава́телей в плохи́х зна́ниях ученико́в.
>   학생의 지식이 얕은 것에 대해 선생님을 비난해서는 안 된다.

6 Возрастные привилегии, возрастная дискриминация…

Дети и подро́стки мечта́ют приня́ть каку́ю-нибу́дь табле́тку, что́бы сра́зу стать взро́слыми: ведь взро́слые мо́гут де́лать всё, что хотя́т! А пожилы́е, наоборо́т, мечта́ют об эликси́ре мо́лодости, потому́ что зави́дуют беззабо́тной жи́зни дете́й и молодёжи.

Расскажи́те, каки́е привиле́гии дете́й вам нра́вятся? Е́сли бы вы сно́ва ста́ли ребёнком, что бы вы де́лали с удово́льствием? А каки́е привиле́гии ста́рших вас привлека́ют? Е́сли бы вам уже́ испо́лнилось 60 лет, каки́ми привиле́гиями вы бы наслажда́лись? Вы зна́ете слу́чаи дискримина́ции ра́зных во́зрастов: при приёме на рабо́ту, в опла́те труда́, в пра́ве посеща́ть места́ о́тдыха и т.д.?

아이들과 미성년 10대들은 즉시 어른이 되기 위해서 어떤 알약을 먹는 꿈을 꿉니다. 어른들은 원하는 모든 것을 할 수 있기 때문이지요! 하지만 노년에 이른 사람들은 아이들과 젊은이들의 근심 없는 삶을 부러워하기 때문에 반대로 젊음의 영약에 대해 꿈꿉니다.

아이들의 어떤 특권들이 당신의 마음에 드는지 이야기해 보십시오. 당신이 다시 아이가 된다면 무엇을 기꺼이 하고 싶겠습니까? 반면에 나이든 사람들의 어떤 특권들이 당신의 마음을 끕니까? 만약 당신이 이미 60세가 되었다면 어떤 특권들을 즐기고 싶겠습니까? 당신은 채용, 급료 지급, 휴식 장소 방문 권리 등등, 다양한 연령에 따른 차별의 경우에 대해 알고 있습니까?

긍정적 측면의 즐거움, 기쁨, 매혹, 도취, 감상 등과 관련된 아래 3개 어휘의 사용법을 구별해 보자.

가. наслажда́ться чем ～에서 즐거움을 느끼다, ～을 즐기다

· По́сле экза́менов студе́нты наслажда́ются свобо́дным вре́менем. Они́ наслажда́ются обще́нием с друзья́ми и совреме́нной му́зыкой.

시험 후에 학생들은 자유로운 시간을 즐긴다. 그들은 친구들과의 교제 그리고 최신 음악을 즐긴다.

나. восхища́ться чем ～에서 환희를 느끼다, ～에 매혹되다, ～에 감탄하다

· Все восхища́ются достиже́ниями Ю́жной Коре́и в но́вых техноло́гиях.

신기술 분야에서의 대한민국의 업적에 대해 모두들 매혹되고 있다.

다. любова́ться чем ～에 도취되어 바라보다(감상하다)

· Карти́нами выдаю́щихся худо́жников мо́жно любова́ться часа́ми.

뛰어난 화가들의 그림은 몇 시간이고 감상할 수 있다.

Одни́ счита́ют, что на́до почита́ть ста́рость, потому́ что пожилы́е лю́ди мно́го пережи́ли, мно́го страда́ли, всю жизнь рабо́тали. Они́ со́здали всё то, что сейча́с име́ет о́бщество. Други́м не о́чень поня́тно, почему́ на́до почита́ть то́лько ста́рость. Наприме́р, лю́ди сре́днего во́зраста заслу́живают са́мого глубо́кого уваже́ния, ведь они́ несу́т двойну́ю нагру́зку: должны́ забо́титься и о мла́дших (де́тях, вну́ках), и о ста́рших (роди́телях, ба́бушках и де́душках). А как ду́маете вы, кого́ на́до почита́ть в пе́рвую о́чередь и за что?

어떤 사람들은 노년이라는 점을 존경해야 한다고 생각하는데, 그 이유는 노인들은 많은 일을 견뎌 내고 많은 고통을 겪었으며 일생 동안 일을 해왔기 때문입니다. 그들은 사회가 현재 가지고 있는 모든 것들을 창조해 냈습니다. 왜 노년만을 존경해야 하는지 또 다른 사람들에게는 썩 잘 이해가 되지 않습니다. 예를 들어 중년의 사람들은 가장 깊은 존경을 받을 자격이 있는데, 그들은 자신들보다 나이가 더 적은 사람들(자식, 손자)과 더 많은 사람들(부모, 할머니, 할아버지)을 돌봐야 하는 이중의 부담을 지고 있기 때문입니다. 그렇다면 당신은 누구를 첫 번째로 존경해야 하며, 무엇 때문에 그래야 한다고 생각합니까?

주요 구문과 표현

кто заслу́живает чего́ ~는 ~을 받을(얻을) 자격이 있다

· Тот, кто предаёт друзей, не заслу́живает дру́жбы.

친구를 배신하는 자는 우정을 얻을 자격이 없다.

· Тот, кто спаса́ет люде́й, рабо́тая в «Слу́жбе спасе́ния», заслу́живает большо́го восхище́ния и огро́много уваже́ния.

《비상 구조대》에서 일하면서 사람들을 구하는 이는 큰 환희와 대단한 존경을 받을 자격이 있다.

Считается, что детство, отрочество, ранняя юность – самое счастливое и приятное время. Младенцы, маленькие дети, подростки, юноши и девушки привлекательны, милы, симпатичны, обаятельны. У них нет ещё серьёзных проблем, они не измучены жизнью. Есть и противоположная точка зрения: никогда человек столько не плачет, сколько в детстве и отрочестве, потому что ребёнок живёт так, как хотят взрослые: его наказывают, заставляют есть нелюбимую пищу и насильно учат. Подростковый возраст тоже труден: подростки внутренне застенчивы, тревожны.

Расскажите о своих любимых произведениях, посвящённых детству и отрочеству. Если бы вы были писателем, что бы вы написали о детстве, отрочестве, юности?

Как можно конкретизировать такие выражения: «золотая пора жизни» и «чёрная полоса жизни»?

8 인생의 어떤 시기가 가장 기분 좋고 행복한가?

유년기, 소년기, 이른 청년기야말로 가장 행복하고 기분 좋은 시기라고 간주됩니다. 영아들, 어린 아이들, 소년소녀들, 청년들과 아가씨들은 매력적이고 사랑스러우며 호감을 주며 매혹적입니다. 그들에게는 아직 심각한 문제점들이 없으며 삶에 의해 쇠약해져 있지 않습니다. 반대되는 관점도 있습니다. 인간이 유년기와 소년기만큼 우는 일은 전혀 없는데, 그 이유는 아이는 어른들이 원하는 대로 살기 때문이지요: 그는 벌을 받고, 좋아하지 않는 음식을 먹으라고 강요당하고, 억지로 학습을 받기 때문입니다. 청소년기 연령 역시 힘듭니다. 청소년들은 내적으로 소심하며 불안해 하기 때문입니다.

유년기와 소년기에 해당되는, 자신이 좋아하는 작품들에 대해 이야기해 보십시오. 만약 당신이 작가라면 유년기, 소년기, 청년기에 대해 무엇을 쓰겠습니까? 《인생의 황금기》, 《인생의 암흑기》와 같은 표현들을 어떻게 구체화시킬 수 있겠습니까?

~ **СТОЛЬКО, СКОЛЬКО** ~ 구문이 긍정문과 부정문 형식에서 어떻게 구별되어 쓰이는지 살펴 보자.

가. **столько А, сколько Б** Б 인만큼 А 이다

- Час его́ рабо́ты сто́ит 5,000 вон. Он отрабо́тал 10 часо́в и получи́л 50,000 вон. Он получи́л сто́лько де́нег, ско́лько зарабо́тал – не бо́льше и не ме́ньше.

  그의 노동 1시간은 5천 원의 가치가 있다. 그는 10시간을 일하고 5만 원을 받았다. 그는 더도 아니고 덜도 아닌, 일해서 번만큼의 돈을 받았다.

- Никогда́ я сто́лько не ел, ско́лько (ел) на ва́шей сва́дьбе.

  당신 결혼식에서처럼 그만큼 먹어본 적은 없어요.

- Я в жи́зни сто́лько не не́рвничал, ско́лько сего́дня(=ско́лько я сего́дня не́рвничал).

  내 삶에서 오늘만큼 초조해 했던 적은 없다.

나. **не сто́лько А, сколько Б** Б 인만큼 А 인 것은 아니다 = А 라기보다는 Б 이다

- Говоря́т, что он ге́ний. Но мне ка́жется, что он не сто́лько ге́ний, ско́лько зна́ющий профессиона́л.

  사람들은 그가 천재라고 말을 한다. 하지만 내가 보기엔 그는 천재라기보다는 능숙한 전문가이다.

- Он был не сто́лько расстро́ен, ско́лько удивлён сложи́вшейся ситуа́цией.

  그는 실망을 했다기보다는 발생한 상황에 놀랐던 것이다.

Ка́ждому челове́ку хо́чется прожи́ть полноце́нную мо́лодость: мо́лодость одна́, она́ уйдёт и никогда́ бо́льше не вернётся. Но что для э́того на́до де́лать? Одни́ счита́ют, что для э́того на́до мно́го обща́ться с рове́сниками, дружи́ть, люби́ть, весели́ться (петь и танцева́ть), занима́ться спо́ртом, вку́сно есть. А други́е счита́ют, что прожи́ть полноце́нную мо́лодость – э́то зна́чит де́лать свою́ судьбу́: учи́ться, рабо́тать, добива́ться больши́х це́лей.

Как вам ка́жется, мо́лодость должна́ быть беспе́чной, весёлой или серьёзной, напряжённой?

모든 사람들은 가치 있는 젊음을 살고 싶어합니다. 젊음은 한 번 오는 것이고 떠나고 나서는 절대로 더 이상 돌아오지 않기 때문입니다. 하지만 이를 위해서는 무엇을 해야 합니까? 어떤 사람들은 이를 위해서는 동년배들과 많은 교류를 가지고, 사귀고 사랑하며 즐기고(노래하고 춤추는 것) 스포츠를 하며 맛있는 음식을 먹을 수 있어야 한다고 생각합니다. 그런데 다른 사람들은 가치 있는 젊음을 사는 것은 공부하고 일하며 큰 목적들을 달성하는 등 자신의 운명을 개척해 나가는 것이라고 생각합니다.

당신에게는 어떻게 보입니까? 젊음은 근심이 없이 명랑한 것이어야 합니까, 아니면 심각하고도 긴장된 것이어야 합니까?

주요 구문과 표현

общáться с кем ～와 교류하다, 교제하다

· Лю́ди любо́го во́зраста лю́бят обща́ться со свои́ми рове́сниками.
어떤 연령의 사람이든 자신의 동년배와 교류하는 것을 좋아한다.

10 Когда начинается настоящая жизнь?

В России шутят, что в 40 лет жизнь только начинается. А в восточных странах говорят, что начало жизни – 60 лет. Как вы думаете, когда у человека начинается «настоящая жизнь»? И как вы понимаете это выражение? В каком возрасте человек может быть наиболее счастлив? В каком возрасте ему нужно наибольшее количество денег и почему? В каком возрасте интеллект человека наиболее гибкий? Можно ли сохранить его до последних дней и как?

11 У каждого возраста свои заботы

Первые 30 лет жизни человек познаёт мир и учится (молодость). Следующие 30 лет – воспитывает детей и ведёт профессиональную деятельность (зрелость). Если человек доживает до 60 лет, то после зрелости у него остаётся ещё 20-30 лет, так называемый *третий возраст*. Как его прожить? Чем заниматься в это время?

Расскажите, как вы думаете, в каком возрасте что можно и нужно делать, а чего делать нельзя или не нужно (Например, работать? Менять работу? Быть начальником? Развлекаться в дискотеках и клубах? Вступать в брак? Разводиться? Рожать детей? Заниматься творчеством? Путешествовать? Копить деньги? Тратить деньги? Дружить? Любить? Заниматься спортом? Писать книги? Сниматься в кино? и т.д.).

10 진정한 인생은 언제 시작되는가?

러시아에서는 40살이 되어서야 인생이 시작된다고 농담을 합니다. 그런데 동양의 나라에서는 인생의 시작은 60살이라고 말을 합니다. 당신은 어떻게 생각합니까, 언제 《진정한 인생》이 시작되는 것일까요? 그리고 당신은 이 표현을 어떻게 이해하십니까? 어떤 나이에 인간은 가장 행복할 수 있을까요? 어떤 나이에 그에게는 가장 많은 액수의 돈이 필요하고 또 어떤 이유 때문에 그러할까요? 어떤 나이에 인간의 지성이 가장 유연합니까? 과연 그것을 마지막 날까지 유지할 수 있을까요, 그렇다면 어떻게 말이죠?

11 모든 연령에는 자신만의 걱정거리가 있다

첫 30년 동안 인간은 세상을 알게 되고 공부를 합니다(젊은 시기). 그 다음 30년 동안은 자식들을 키우고 직업 활동을 합니다(성숙기). 어떤 사람이 60살까지 살았다면 성숙기 이후 소위 세 번째 연령이라는 20~30년이 아직 남아 있게 됩니다. 어떻게 그 시기를 살아가야 할까요? 그 기간 동안 어떤 일을 해야 할까요?

어떤 나이에 무엇을 할 수 있고 할 필요가 있는지, 그리고 무엇을 하면 안 되거나 할 필요가 없는지 당신의 생각을 이야기해 보십시오(예를 들어, 일하는 것? 직업을 바꾸는 것? 책임자가 되는 것? 디스코텍과 클럽에서 즐기는 것? 결혼하는 것? 이혼하는 것? 자식을 낳는 것? 창조적인 일을 하는 것? 여행하는 것? 돈을 저축하는 것? 돈을 쓰는 것? 우정을 나누는 것? 사랑하는 것? 스포츠를 즐기는 것? 책을 쓰는 것? 영화에 출연하는 것? 등등).

1. Дом, в кото́ром есть старики́ – бога́тый дом (восто́чная посло́вица).

2. Ю́ность души́ на́до сохрани́ть и в ста́рости, на́до не дава́ть душе́ осты́ть, ожесточи́ться, окамене́ть.

1. *А* спра́шивает *Б* о во́зрасте. *Б* отвеча́ет укло́нчиво («Мой день рожде́ния весно́й»). *А* задаёт непрямы́е вопро́сы, отве́ты на кото́рые ко́свенно говоря́т о во́зрасте *Б*.
   - отвеча́ть укло́нчиво 우회적으로, 애매하게 대답하다
   - непрямо́й вопро́с 간접적인 질문

2. Па́па говори́т до́чери, что оптима́льная ра́зница в во́зрасте му́жа и жены́ – это 3 года-5 лет (муж ста́рше), а ма́ма полага́ет, что муж до́лжен быть моло́же на 10 лет: продолжи́тельность жи́зни мужчи́н во всём ми́ре ме́ньше. Что каса́ется само́й до́чери, то она́ счита́ет во́зраст второстепе́нным, не гла́вным.

- оптима́льная ра́зница в во́зрасте 적절한 연령 차이
- второстепе́нное 2등급의, 부차적인

3. Оди́н молодо́й нача́льник набира́ет в свою́ фи́рму в ка́честве подчинённых свои́х рове́сников, друго́й — люде́й ста́рше себя́, с больши́м профессиона́льным и жи́зненным о́пытом. Кто прав? У кого́ бу́дут лу́чше результа́ты рабо́ты?
- нача́льник 상관
- подчинённый 부하직원
- профессиона́льный (жи́зненный) о́пыт 직업적인 (삶의) 경험

4. Вас не принима́ют на рабо́ту и́з-за прекло́нного во́зраста. Вы наста́иваете на том, что большо́й о́пыт важне́е во́зраста, что ваш о́пыт пригоди́тся други́м сотру́дникам.
- принима́ть на рабо́ту 채용하다
- что пригоди́тся кому́ ~에게 이득이 되다
- прекло́нный во́зраст 노년(пожило́й와 유사하게 대략 50대 후반에서 70대 이전까지의 연령을 말함)

5. Вас не принима́ют на рабо́ту и́з-за молодо́го во́зраста. Вы дока́зываете, что ва́ше преиму́щество в том, что вы спосо́бны посмотре́ть на рабо́ту но́выми глаза́ми, поэ́тому спосо́бны де́лать откры́тия.
- посмотре́ть на что но́выми глаза́ми ~을 새로운 눈으로 바라보다

6. А: Бы́стро или ме́дленно челове́к старе́ет – э́то зави́сит от ге́нов. Б: Челове́к старе́ет ме́дленнее, е́сли у него́ есть доста́ток, оптими́зм, рабо́та, движе́ние.

7. *А*: Гла́вное для долгожи́тельства – хоро́шие ге́ны. *Б*: Гла́вное –
нежи́рное, натура́льное, уме́ренное пита́ние. *В*: Гла́вное – нали́чие
друзе́й. Э́то важне́е, чем нали́чие ро́дственников. *Г*: Гла́вное –
рабо́та. Лентя́и не долгожи́тели. *Д*: Гла́вное –беззабо́тность. *Е*:
Гла́вное – си́льный хара́ктер. Уме́ние преодоле́ть судьбу́.

8. Вам предлага́ют услу́гу: по ва́шему фо́то показа́ть, каки́м бу́дет
ва́ше лицо́ в 70-80-90 лет. Вы хоти́те посмотре́ть, а ваш муж
сове́тует вам не де́лать э́того.

9. *Пожило́й*: Сча́стье – э́то отсу́тствие бо́ли и страда́ний на
протяже́нии всей жи́зни. *Молодо́й*: Сча́стье всю́ду – осе́нний
во́здух, свет, хлеб, у́тро… *Челове́к сре́днего во́зраста*: Сча́стье –
э́то когда́ споко́йно и ничего́ не хо́чешь, кро́ме того́, что име́ешь.

10. *А*: Кто пьёт и ку́рит, тот уже́ взро́слый! *Б*: Взро́слый – э́то тот,
кто берёт на себя́ како́е-то ва́жное де́ло, а де́ло выбира́ет по
свои́м си́лам – не бо́льше и не ме́ньше свои́х сил. По-настоя́щему
взро́слый челове́к не ку́рит, не пьёт, не принима́ет нарко́тики,
не вору́ет, де́ржит да́нное им сло́во, не покупа́ет прода́жную
любо́вь.

11. Одни́ молоды́е лю́ди счита́ют, что от всех ста́рших на́до всё
терпе́ть (наприме́р, их замеча́ния о причёске и оде́жде молоды́х,
об их поведе́нии и т.д.), а други́е – что агресси́вных пожилы́х
(осо́бенно на у́лице) не на́до слу́шать. Они́ агресси́вны потому́,

что зави́дуют мо́лодости.

- терпе́ть всё от ста́рших 나이든 사람들의 모든 것을 참다
- замеча́ния о причёске, оде́жде 헤어스타일과 복장에 대한 언급

12. Ва́шего дру́га-рове́сника на у́лице в пе́рвый раз всерьёз назва́ли
де́душкой. Вы размышля́ете с ним об э́том.

- кто назва́л кого́ как всерьёз ~가 ~를 진심으로 ~라고 부르다

13. Что ста́рит бо́льше всего́ – тёмная оде́жда? Невесёлые мы́сли?
Уны́лый го́лос? Нача́ть но́вую жизнь (покупа́ть све́тлую одежду,
не грусти́ть) никогда́ не по́здно?

- что ста́рит кого́ ~이 ~를 늙어 보이게 만들다

14. Подро́стки обсужда́ют, почему́ у одного́ ба́бушка – настоя́щая
стару́шка: ве́чно всем недово́льная, сго́рбленная, а у друго́го –
энерги́чная, весёлая зате́йница, совсе́м как молода́я!

15. *А*: Молоды́е всегда́ пра́вы: за ни́ми бу́дущее, они́ стро́ят но́вую
жизнь. *Б*: Пожилы́е всегда́ пра́вы: у них большо́й жи́зненный
о́пыт.

1. Одухотворе́ние жи́зни и тво́рчество – сопе́рники ста́рости.

2. Как не пропусти́ть свою́ мо́лодость?

3. Привиле́гии во́зрастов. Дискримина́ция во́зрастов.

4. Люде́й како́го во́зраста на́до почита́ть в пе́рвую о́чередь?

5. Чёрная полоса́ в мое́й жи́зни.

6. Золота́я пора́ мое́й жи́зни.

Дополнительный материал   보충 자료

Познако́мьтесь с ру́сскими посло́вицами о во́зрасте. Скажи́те, кака́я вам бо́льше нра́вится и почему́.

나이에 관한 러시아 속담을 익혀보십시오. 어떤 것이 가장 마음에 들며 그 이유는 무엇입니까?

Русские пословицы   러시아 속담

- **Мо́лодость ушла́ – не прости́лась, ста́рость пришла́ – не поздоро́валась.**

  젊음은 작별인사도 없이 흘러갔고, 늙음은 인사도 없이 다가왔다(세월은 사람이 의식하

  는가에 상관없이, 눈에 띠지 않게 흘러간다는 의미).

- **Хоро́шая ста́рость лу́чше, чем плоха́я мо́лодость.**

  잘 늙은 것이 흉하게 젊은 것보다 낫다.

- **Мо́лодость не кошелёк: потеря́ешь – не найдёшь.**

  젊음은 돈지갑이 아니다: 잃어버리면 찾지 못한다.

- **Голова́ седа́я, да душа́ молода́я.**

  머리카락은 백발이 되었지만 마음만은 젊다.

- **Что в мо́лодости посе́ешь, то в ста́рости пожнёшь.**

  젊을 때 씨 뿌린 것은 나이 들어서 거두게 된다.

빵 앞에서는 모두가 평등하다

Перед хлебом все равны

Что выбрать: интересно пообщаться или вкусно поесть?

Предста́вьте, что объяви́ли одновреме́нно две вечери́нки. На одно́й бу́дет обы́чное о́бщество (просты́е лю́ди, т.е. лю́ди просты́х профе́ссий), но роско́шный, экзоти́ческий, вкусне́йший у́жин: дороги́е, ре́дкие блю́да, дороги́е ста́рые ви́на, необы́чные фру́кты и ска́зочный десе́рт. А на друго́й вечери́нке бу́дет изы́сканное о́бщество (поэ́ты, компози́торы, арти́сты, учёные, олимпи́йские чемпио́ны), но угоще́ние обы́чное: повседне́вная еда́. Как вы ду́маете, на каку́ю вечери́нку придёт гора́здо бо́льше люде́й? Почему́? Как вы понима́ете афга́нскую посло́вицу: «Мо́жно есть просто́й лук, лишь бы с ра́достью!»

　　동시에 두 개의 파티가 공고되었다고 생각해 보십시오. 한 쪽은 일반적인 사람들 (평범한 사람들, 즉 평범한 직업을 가진 사람들)이 오지만 호화롭고도 이국적이며 아주 맛있는 식사가 있을 것입니다: 비싸며 흔치 않은 요리, 비싸고 오래된 포도주, 흔치 않은 과일과 진기한 디저트. 다른 파티에는 아주 세련된 사람들(시인, 작곡가, 배우, 학자, 올림픽 챔피언)이 오지만 대접은 평범합니다: 매일 나오는 음식이지요. 어떤 파티에 훨씬 더 많은 사람들이 올까요? 그 이유는요? 《기쁜 마음만 있다면 양파 그대로도 먹을 수 있다》라는 아프가니스탄 속담에 대해 당신은 어떻게 생각합니까?

Не́которые лю́ди не придаю́т большо́го значе́ния красоте́ во вре́мя засто́лья. Для них гла́вное – вку́сные блю́да и хоро́ший аппети́т. А други́е счита́ют, что всё должно́ быть краси́во: как са́ми блю́да, так и посу́да, ска́терть, столо́вые прибо́ры, на столе́ должны́ стоя́ть цветы́, а ве́чером и све́чи. И ещё ва́жно уме́ть краси́во есть.

Как вам ка́жется, краси́во сервирова́ть стол, украша́ть блю́да, уме́ть краси́во есть – это обяза́тельно всегда́ и везде́? И́ли э́то ну́жно то́лько на дипломати́ческих приёмах, а в кругу́ семьи́ и наедине́ с собо́й э́то не обяза́тельно?

Расскажи́те о са́мом запо́мнившемся вам засто́лье в ва́шей жи́зни.

어떤 사람들은 연회에서의 아름다움에 큰 의미를 부여하지 않습니다. 그들에게 중요한 것은 맛있는 요리와 왕성한 식욕입니다. 그런데 다른 사람들은 모든 것이 아름다워야 한다고 생각합니다: 요리 자체처럼 그릇과 식탁보, 식기 세트들 역시 좋아야 하며, 테이블 위에는 꽃이 있어야 하고 저녁에는 촛불도 켜 있어야 한다는 것이지요. 그리고 아름답게 먹을 수 있는 것도 중요하다고 합니다.

식탁을 예쁘게 차리고 음식을 장식하며 아름다운 모습으로 먹는 것이 항상 그리고 어디에서나 필수적이라고 보입니까? 또는 그런 것은 외교 리셉션에서나 필요하고, 가족끼리 또는 혼자서 먹을 때는 꼭 그럴 필요까지는 없을까요?

당신의 삶 중에서 가장 기억에 남는 연회에 대해 이야기해 보십시오.

주요 구문과 표현

придава́ть/прида́ть значе́ние чему́ ~에 의미를 부여하다(두다)

не придава́ть/прида́ть значе́ния чему́ ~에 의미를 부여하지(두지) 않다

· Почему́ ты всегда́ хо́дишь в тако́й просто́й оде́жде?
  왜 넌 항상 그런 보잘것없는 옷을 입고 다니니?

· Я не придаю́ оде́жде никако́го значе́ния. 난 옷에는 아무런 의미를 두지 않아.

Не́которые лю́ди никогда́ не ду́мают о том, что они́ едя́т, и едя́т всё подря́д: пече́нья, конфе́ты, «фастфу́д» и т.д. Им всё равно́, что есть. У них нет ни вре́мени, ни жела́ния изуча́ть, каки́е проду́кты для органи́зма яд, а каки́е – лека́рство. Они́ говоря́т, что всё равно́ всё вокру́г отра́влено и́з-за плохо́й эколо́гии. Для них гла́вное – не голода́ть, не быть голо́дным. А осторо́жные лю́ди серьёзно ду́мают, что поле́зно, а что нет. В магази́не они́ внима́тельно смо́трят срок го́дности проду́ктов, их соста́в, производи́теля. Они́ интересу́ются при́нципами здоро́вого пита́ния и внима́тельно следя́т за информа́цией о том, каки́е из проду́ктов са́мые ка́чественные.

Как вы ду́маете, кто пра́вильно поступа́ет?

Как в на́шем нездоро́вом ми́ре пита́ться без вреда́ для здоро́вья?

어떤 사람들은 그들이 무엇을 먹고 있는지에 대해 전혀 생각지 않고 모든 것을 연달아 먹는다: 과자, 사탕, 패스트푸드 등등. 그들에겐 무엇을 먹든 아무 상관이 없다. 그들은 어떤 식료품이 유기체에 독이 되고 어떤 것이 약이 되는지 연구할 시간도 욕망도 없다. 그들은 좋지 않은 생태 환경 때문에 어쨌든 주위의 모든 것들이 오염되어 있다고 말한다. 그들에게 중요한 것은 굶주리지 않고 배고픈 상태가 되지 않는 것이다. 하지만 신중한 사람들은 무엇이 도움이 되고 무엇이 되지 않는지를 심각하게 생각한다. 상점에서 그들은 식료품의 유효 기간과 구성 성분, 생산자를 유심히 살펴 본다. 그들은 건강한 식사의 원칙에 흥미를 가지고 있고, 식료품 중 어떤 것이 가장 질이 좋은지에 대한 정보를 유심히 주시한다.

당신은 누가 옳게 행동하는 것이라고 생각합니까? 어떻게 하면 우리의 건강하지 못한 세계에서 건강에 해를 입지 않고 섭식을 할 수 있을까요?

де́йствовать와 **поступа́ть/поступи́ть**의 차이: 이 두 가지 동사는 모두 단독으로는 쓰이지 않고 행동 방식을 의미하는 일정한 부사(부사구)와 결합하여 쓰인다. 우리말 상으로는 '행동하다'라는 비슷한 의미를 가지지만, 다음과 같은 실제적인 차이가 있다.

가. **де́йствовать** 구체적인 육체적 행위의 수행 양상을 의미할 때 쓰인다

· Враче́й у́чат де́йствовать бы́стро и споко́йно: де́лать искуственное дыха́ние, остана́вливать кровотече́ние и т.д.

의사들은 빠르고 침착하게 행동할 수 있도록 교육받는다: 인공호흡을 하는 법, 출혈을 멈추는 법 등등.

· Пожа́рные де́йствовали реши́тельно и профессиона́льно.

소방대원들은 단호하고도 전문적으로 행동했다.

나. **поступа́ть/поступи́ть** 행위의 양상을 대개 정신적, 윤리적 차원에서 말할 때 쓰인다. 때문에 뒤에 пло́хо, хорошо́, пра́вильно, непра́вильно와 같은 일반적인 부사는 물론이고 благоро́дно, неблагоро́дно, мора́льно, амора́льно와 같은 문어체적 형식의 행동 평가 부사와도 자주 결합한다.

· Как поступа́ть пра́вильно, узна́в об изме́не дру́га? Вы́яснить причи́ну? Порва́ть отноше́ния?

친구의 배신에 대해 알게 되면 어떻게 행동해야 옳을 것인가? 이유를 밝혀낼 것인가? 관계를 끊을 것인가?

· Вы не ребёнок. Постара́йтесь не поступа́ть безотве́тственно.

당신은 어린아이가 아닙니다. 무책임하게 행동하지 않도록 노력하십시오.

Что на́до де́лать, когда́ хо́чется вку́сно пое́сть? Иска́ть хоро́ший рестора́н? Зака́зывать обе́д на́ дом по телефо́ну или интерне́ту? Идти́ в го́сти к друзья́м, кото́рые хорошо́ гото́вят? Покупа́ть проду́кты и́ли полуфабрика́ты и гото́вить еду́ из них самому́? Учи́ться гото́вить на ку́рсах кулинари́и или самостоя́тельно по кулина́рным кни́гам? Покупа́ть нове́йшие ку́хонные аппара́ты? Заключи́ть брак с по́варом?

Расскажи́те, вы лю́бите гото́вить? Вы зна́ете люде́й, кото́рые лю́бят гото́вить и гото́вят с душо́й? И́ли вы ненави́дите стоя́ть у плиты́: всё, что вы до́лго гото́вили, съеда́ют сли́шком бы́стро, а че́рез не́сколько часо́в – опя́ть на́до гото́вить?

Как вы лю́бите есть: в одино́честве или в компа́нии? В рестора́не или до́ма?

맛있게 먹으려면 어떻게 해야 할까? 괜찮은 레스토랑을 찾아 봐야 하나? 전화나 인터넷으로 집에 식사를 주문할까? 요리 잘하는 친구들 집에 방문할까? 식료품이나 반가공품을 사서 그것들을 가지고 음식을 직접 만들까? 요리 수업에서, 또는 요리책을 가지고 스스로 요리를 배울까? 최신 취사 도구를 살까? 요리사와 결혼할까?

당신은 요리하는 것을 좋아합니까? 당신은 요리하는 것을 좋아하며 정성을 담아 요리하는 사람들을 압니까? 아니면 당신은 오븐 옆에 서 있는 것을 혐오합니까?: 당신이 요리한 모든 것들이 엄청 빠르게 먹어 치워진 후 몇 시간 지나면 또 요리를 해야 하니 말입니다.

당신은 어떻게 식사하는 것을 좋아합니까? 홀로 혹은 사람들과 함께? 레스토랑에서 혹은 집에서?

В семьях нередко быва́ют конфли́кты из-за того́, как на́до пита́ться. Наприме́р, одна́ па́ра развела́сь потому́, что муж не жела́л есть несве́жее, т.е. пригото́вленное вчера́ или позавчера́, да́же е́сли оно́ храни́лось в холоди́льнике, а жена́ люби́ла гото́вить на 2~3 дня. Друга́я па́ра то́же име́ла ра́зные вку́сы: она́ люби́ла недосо́ленную пи́щу, он – пересо́ленную и о́струю. Что де́лать в таки́х слу́чаях?

가족 내에서는 어떻게 음식을 먹어야 하는가의 이유로 종종 갈등이 발생한다. 예를 들어, 한 부부가 헤어졌는데 그 이유는 남편은 신선하지 않은 것, 즉 비록 냉장고에 보관되었다 할지라도 어제 혹은 그저께 요리된 것들은 먹기 싫어했는데 반해 아내는 2~3일치를 요리하는 것을 좋아했기 때문이었다. 다른 부부 역시 입맛이 서로 달랐다: 여자는 소금을 덜 친 음식을 좋아했고 남편은 소금을 많이 치고 매운 음식을 좋아했다. 이런 경우들에는 어떻게 해야 할까요?

Ка́ждый по своему́ о́пыту зна́ет, что еда́, осо́бенно о́чень вку́сная, снима́ет стресс, успока́ивает, утеша́ет. Но ско́лько на́до есть? Мо́жно ли есть, наприме́р, по аппети́ту: есть и то, что хо́чется, и сто́лько, ско́лько хо́чется, и тогда́, когда́ хо́чется? И́ли большо́е коли́чество еды́ (перееда́ние) вре́дно, и на́до контроли́ровать её коли́чество: сиде́ть на дие́те, устра́ивать разгру́зочные дни, что́бы сохрани́ть здоро́вье и фигу́ру?

Вы зна́ете люде́й, кото́рых мо́жно назва́ть *гурма́нами*, т.е. людьми́, кото́рые всегда́ стремя́тся к тому́, что́бы есть не повседне́вную, просту́ю пи́щу, а ра́зные изы́сканные блю́да?

Вы зна́ете люде́й, кото́рых мо́жно назва́ть *чревоуго́дниками*, т.е люде́й, кото́рые едя́т сли́шком мно́го, едя́т без остано́вки?

Како́е пита́ние вы счита́ете *сбаланси́рованным*? Вы бу́дете есть поле́зное, но не о́чень вку́сное блю́до?

Что вы ду́маете о религио́зных поста́х, когда́ ве́рующие отка́зываются от той и́ли ино́й еды́? В чём физи́ческий и духо́вный смысл посто́в?

모든 이들은 음식, 특히 매우 맛있는 음식은 스트레스를 제거하고 안정시키고 위안을 준다는 것을 자신의 경험을 통해 알고 있다. 하지만 얼마만큼을 먹어야 하나? 예를 들어 식욕에 따라, 즉 원하는 것을, 원하는 양만큼, 원할 때 먹어도 될까? 아니면 많은 양의 음식(과식)은 해롭기에 그 양을 조절해야 하는 것일까?: 건강과 몸매를 유지하기 위해서 다이어트를 하거나 식사량을 줄이는 날들을 선정하는 것 말이다.

당신은 미식가라고 부를 수 있는 사람들, 즉 매일 먹는 평범한 음식이 아닌 다양한 세련된 요리들을 먹으려 항상 노력하는 사람들을 압니까?

당신은 대식가라고 부를 수 있는 사람들, 즉 너무 많이, 쉬지 않고 먹는 사람들을 압니까?

당신은 어떠한 음식 섭취를 균형 잡힌 것으로 생각합니까? 당신은 썩 맛이 좋지는 않지만 건강에 도움이 되는 요리를 먹겠습니까?

당신은 신자들이 이러저러한 이유로 음식을 거부하는 종교적인 금식에 대해 어떻게 생각합니까? 금식은 어떤 점에서 육체적이고 정신적인 의미가 있는 것일까요?

стреми́ться к чему́ ~을 위해 애쓰다(노력하다)

стреми́ться к тому́, что́бы 동사원형 ~을 하기 위해 애쓰다(노력하다)

· Студенты стремя́тся к зна́ниям.

학생들은 지식을 얻기 위해 애쓴다.

· Студе́нты стремя́тся к тому́, что́бы мно́го знать.

학생들은 많은 것을 알기 위해 애쓴다.

Уви́дев, что иностра́нец ест блю́да чужо́й национа́льной ку́хни, ме́стные жи́тели обы́чно восклица́ют: «О, вам нра́вится на́ша национа́льная ку́хня! Вы – наш друг!» А врачи́ счита́ют, что непривы́чная пи́ща вредна́. Что каса́ется вас, вы лю́бите про́бовать но́вые, непривы́чные блю́да? Е́сли в гостя́х или в рестора́не вам предло́жат блю́до из экзоти́ческих насеко́мых, живо́тных и́ли расте́ний, вы его́ съеди́те из любопы́тства или ве́жливо отка́жетесь? Кака́я пи́ща для вас привы́чна? Без како́й еды́ вы не представля́ете себе́ свою́ жизнь, т.е. каки́е блю́да ва́ши са́мые люби́мые? По каки́м блю́дам свое́й национа́льной ку́хни вы скуча́ете за рубежо́м? Ку́хня како́го наро́да вам нра́вится, кро́ме ва́шей национа́льной ку́хни? Вы зна́ете слу́чаи, когда́ ку́хня друго́го наро́да ста́ла для челове́ка родно́й и́ли бо́лее привы́чной и жела́нной, чем да́же родна́я ку́хня?

외국인이 낯선 민족의 음식을 먹는 것을 보면 현지인들은 대개 다음과 같이 탄성을 낸다:《오, 당신은 우리 민족의 음식이 마음에 드나 보군요. 당신은 우리의 친구입니다!》하지만 의사들은 생소한 음식은 건강에 해롭다고 생각한다. 당신의 경우, 당신은 새로운, 생소한 요리를 먹는 것을 즐깁니까? 손님으로 갔을 때 또는 레스토랑에서 당신에게 이국적인 곤충, 동물 또는 식물로 만들어진 요리를 권한다면 당신은 호기심으로 그것을 먹겠습니까 아니면 정중히 거절하겠습니까? 당신에게는 어떤 음식이 익숙합니까? 당신은 어떤 음식 없이는 자신의 삶을 생각할 수 없습니까, 즉 당신이 가장 좋아하는 요리는 어떤 것입니까? 당신은 외국에서 자신의 민족 음식의 어떤 요리들을 그리워했습니까? 당신 민족의 음식 외에 어떤 민족의 음식이 마음에 듭니까? 다른 민족의 음식이 사람에게 모국의 음식처럼 또는 심지어 모국의 음식보다 더 익숙하고 마음에 들게 되는 경우들을 알고 있습니까?

주요 구문과 표현

скуча́ть по чему-кому ~을 그리워하다, ~이 없어서 적적하다

· За рубежо́м я скуча́ю и по семье́, и по друзья́м, и по свое́й национа́льной ку́хне.

외국에서 나는 가족, 친구 그리고 모국의 음식이 그리웠다.

Расскажи́те о культу́ре пита́ния в ва́шей стране́. У вас (в ва́шей стране́) едя́т рука́ми, столо́выми прибо́рами (ви́лкой, ножо́м, ло́жкой) или па́лочками? У вас едя́т за высо́ким столо́м, си́дя на сту́льях? Или за ни́зким столо́м, си́дя на полу́? У вас прили́чно есть сто́я (е́сли это не фурше́т)? Во вре́мя засто́лья при́нято ли наста́ивать, чтобы челове́к обяза́тельно пил (спиртно́е), или нет? У вас произно́сят за пра́здничным столо́м дли́нные то́сты?

8 당신은 어떤 연회 전통을 알고 있습니까?

당신 나라의 음식 문화에 대해 이야기해 보십시오. 당신 나라에서는 손으로 먹습니까, 식기(포크, 칼, 스푼)로 먹습니까, 아니면 젓가락으로 먹습니까? 당신 나라에서는 의자에 앉은 상태에서 높은 식탁에서 먹습니까? 아니면 마루에 앉아 낮은 식탁에서 먹습니까? 당신 나라에서는 서서 먹는 것이 예절 바른 일입니까? (가벼운 리셉션이 아닌 경우에 말입니다.) 연회 중에 다른 사람이 (알코올 음료를) 마시도록 강요하는 것이 받아들여집니까 혹은 아닙니까? 축일의 식탁에서는 긴 축배의 말을 합니까?

주요 구문과 표현

주어1 + наста́ивать, что́бы 주어2 + 동사과거형 ~로 (주어2) 하여금 ~하도록 강요하다, 고집하다

> · Все мои́ друзья́ ве́рующие, поэ́тому они́ не пьют алкого́ль и реши́тельно отка́зываются, когда́ кто́-то наста́ивает, что́бы они́ пи́ли.
> 나의 친구들 모두는 신자들이어서 술을 마시지 않기에 누군가 그들로 하여금 술을 마시도록 강요하면 단호하게 거절한다.

1. Еда объединя́ет, расслабля́ет, успока́ивает, утеша́ет, отвлека́ет от пробле́м. За едо́й и засто́льной бесе́дой челове́к раскрыва́ется.

2. Не уважа́ет проду́кты то́лько тот, кто никогда́ не голода́л, не зна́ет, что тако́е го́лод.

3. Уме́ренность в еде́ – торжество́ ду́ха над пло́тью.

4. Чёрный хлеб – не го́лод, бе́лый хлеб – не еда́. (ру́сская посло́вица).

5. Го́лод – лу́чшая припра́ва. (Сокра́т).

6. Го́лод–лу́чший по́вар.

7. Снача́ла посмотри́, что ест твоя́ мать, а пото́м ешь сам.

8. В справедли́вом о́бществе все должны́ быть сы́ты и здоро́вы.

1. Дието́лог чита́ет подро́сткам ле́кцию о рациона́льном пита́нии. А де́ти лю́бят всё вре́дное (с то́чки зре́ния врача́): бутербро́ды, моро́женое, пе́пси, фа́нту.

   • рациона́льное пита́ние 합리적인 음식 섭취

2. *А*: Любы́е дие́ты вредны́. Ну́жно есть всё, но понемно́гу. *Б*: Быва́ют поле́зные и вре́дные дие́ты. Сиде́ть на поле́зной дие́те – это по́двиг во и́мя жи́зни и здоро́вья!

3. *А*: Кало́рии ну́жно стро́го подсчи́тывать, чтобы не перееда́ть. *Б*: Но тогда́ мы ста́нем ску́чными, нера́достными ро́ботами, с кото́рыми тру́дно обща́ться.

4. Врач предлага́ет пацие́нту програ́мму оздоровле́ния: нагру́зки и ограниче́ние в еде́, а пацие́нт лю́бит мно́го есть перед сном, лежа́ть, кури́ть и пить пи́во.

5. *А*: На́до пита́ться дёшево, экономи́чно. *Б*: Гла́вное – пита́ться вку́сно, сы́тно. *В*: Гла́вное – пита́ться бы́стро. *Г*: Гла́вное – разнообра́зие в еде́. *Д*: Еда́ должна́ быть здоро́вой и поле́зной.

6. Что лу́чше: покупа́ть дорогу́ю еду́ и дешёвую посу́ду или наоборо́т?

7. Что важне́е бере́чь: вре́мя (не гото́вить до́ма, ходи́ть в рестора́ны) или де́ньги (гото́вить до́ма из недороги́х проду́ктов, в рестора́ны не ходи́ть)?

8. Де́душка расска́зывает вну́кам о го́лоде, кото́рый он пережи́л в войну́. Тогда́ одни́ теря́ли челове́ческий о́блик, а други́е остава́лись людьми́ вопреки́ всему́.

   • пережи́ть го́лод 기아를 극복하다
   • теря́ть челове́ческий о́блик 사람의 모습을 잃다

9. Долг гостеприи́мства – накорми́ть как сле́дует (до отва́ла, как говоря́т ру́сские)? Или то́лько дать слегка́ перекуси́ть: сок, пече́нье, оре́хи?

   • до отва́ла 실컷 먹을 때까지   • перекуси́ть 약간 먹어 때우다

10. Оди́н студе́нт, кото́рый всегда́ и зве́рски го́лоден, зави́дует друго́му, у кото́рого почти́ никогда́ нет аппети́та…

11. *А*: Ребёнка на́до заставля́ть есть наси́льно, а то похуде́ет, умрёт. *Б*: Пусть он проголода́ется, пото́м пое́ст с аппети́том. *В*: На́до вку́сно гото́вить и предлага́ть ему́ еду́ на вы́бор.

    • заставля́ть есть наси́льно 억지로 먹이다
    • предлага́ть еду́ на вы́бор 음식을 선택할 수 있도록 제공하다

12. *А*: Гла́вное для бра́ка – о́бщие гастрономи́ческие пристра́стия. *Б*: Гла́вное – непривире́дливость обо́их в еде́.

13. Подро́сток заеда́ет стре́ссы (снима́ет стре́ссы вку́сной едо́й), ест мно́го сла́дкого, жи́рного, о́строго. Его́ оте́ц обеспоко́ен: бу́дет ожире́ние, диабе́т, рак желу́дка.

  • заеда́ть 입가심하다

14. У не́которых наро́дов есть обы́чай: мужчи́ны и же́нщины едя́т отде́льно. Дискримина́ция? Проявле́ние уваже́ния (приня́тие пи́щи – инти́мный проце́сс)?

  • приня́тие пи́щи 음식 섭취   • инти́мный проце́сс 누구나 보면 안 되는 과정

15. Вы хоти́те стать балери́ной, мать отгова́ривает вас: балери́ны всю жизнь должны́ сиде́ть на дие́те, а еда́ – одна́ из гла́вных ра́достей жи́зни.

16. Карто́шка. Чай. Ко́фе. Это проду́кты, кото́рые измени́ли мир. Почему́?

17. Мо́жно или нельзя́ есть фру́кты и моро́женое на у́лице, в тра́нспорте?

18. Вы пла́тите по счёту за дру́га в рестора́не, а он за вас – нет.

19. Тради́ции пита́ния закла́дываются в де́тстве. Мо́жет ли челове́к в созна́тельном во́зрасте нача́ть пита́ться по-друго́му, е́сли он по́нял, что э́ти тради́ции вре́дные?

  • тради́ции пита́ния 음식 섭취의 전통

• в созна́тельном во́зрасте 분별력이 있는 연령

20. Пи́ща бу́дущего: она́ бу́дет иску́сственная или нату́ра́льная?

1. Еда́ и тради́ции.

2. Рестора́ны на́шего го́рода, в кото́рых хорошо́ ко́рмят.

3. Я и ку́хня.

4. Бы́страя еда́ (фастфуд) – за и про́тив.

5. Идио́мы со сло́вом *хлеб* в ру́сском (зараба́тывать на хлеб[4], че́стно зараба́тывать свой хлеб и т.д.) и моём родно́м языка́х.

6. Пока́ бу́дет еда́ и хлеб, бу́дет до́лгая, счастли́вая жизнь.

---

4) **зараба́тывать на хлеб** 빵을 사기 위해 돈을 벌다(먹고 살기 위해 돈을 벌다).

Дополнительный материал 보충 자료

Познако́мьтесь с ру́сскими посло́вицами о пита́нии и хле́бе. Скажи́те, кака́я вам бо́льше нра́вится и почему́.

식사와 빵에 대한 러시아 속담을 익혀보십시오.

어떤 것이 가장 마음에 들며 그 이유는 무엇입니까?

Русские пословицы 러시아 속담

- **Не гляди́ в не́бо – там нет хле́ба, а к земле́ ни́же – к хле́бу бли́же.** 하늘을 쳐다보지 마라 – 거기에 빵은 없으니까. 하지만 더 낮게 땅에 눈을 돌리면 빵이 가까이 있다(시간과 노력을 공상적인 것에 쏟을 필요는 없다는 의미).

- **Пот на спине́ – так и хлеб на столе́.** 등에 땀이 나면 빵이 식탁 위에 있게 된다(일을 한만큼 노력의 결과가 따른다는 의미).

- **Поезжа́й на́ день, а бери́ хле́ба на неде́лю.** 하루를 가더라도 빵은 1주일 분량을 가져가라.

- **Чей хлеб ешь, того́ и обы́чай тешь.** 당신으로 하여금 빵을 먹게 해 주는 사람의 관습을 지켜라(먹을 것을 주는 사람이 지시하는 바를 따르라는 의미).

- **Без со́ли, без хле́ба – полови́на обе́да.** 소금과 빵이 없으면 식사는 반만 한 것이다(러시아인의 식사에서 가장 중요한 것은 소금과 빵이라는 의미).

- **Без хле́ба куска́ везде́ тоска́.** 빵 한 조각이 없으면 어디에서나 우울하다(배고픈 사람은 어떤 것도 할 의욕이 생기지 않는다는 의미).

- **Рабо́тай до по́ту, пое́шь хле́ба в охо́ту.** 땀 날 때까지 일하면 빵은 즐겁게 먹게 된다(열심히 일한 사람은 자연히 식욕이 왕성하다는 의미).

- **Не труди́ться – хле́ба не доби́ться.** 노력하지 않으면 빵을 얻을 수 없다.

주제 3

스포츠와 춤: 마술과 같은 움직임의 세계

Тема 3

Спорт и танцы: волшебный мир движения

Не играть в футбол стыдно?
Или стыдно не танцевать?

Большинство́ люде́й лю́бят движе́ние: та́нцы и спо́рт. Движе́ние даёт я́ркие эмо́ции, уси́ливает ра́дость жи́зни. В ка́ждой стране́ свои́ представле́ния о том, что обяза́тельно до́лжен де́лать челове́к. Наприме́р, в стра́нах, в кото́рых все лю́бят спорт, счита́ется, что сты́дно не уме́ть игра́ть в футбо́л (хокке́й, бейсбо́л и т.д.), а в други́х стра́нах все лю́бят та́нцы, и потому́ там сты́дно не уме́ть танцева́ть: тот, кто, наприме́р, в Лати́нской Аме́рике не уме́ет танцева́ть латиноамерика́нские та́нцы, не счита́ется *настоя́щим* латиноамерика́нцем…

Скажи́те, а как в ва́шей стране́? Что *до́лжен* уме́ть сре́дний коре́йский мужчи́на? Сре́дняя коре́йская же́нщина? Без чего́ их нельзя́ счита́ть *настоя́щими* корейцами?

축구를 못하는 것이 수치스러운 일?
혹은 춤출 줄 모르는 것이 부끄러운 일?

대부분의 사람은 움직이는 것(운동)을 좋아한다: 스포츠와 춤 말이다. 움직이는 것(운동)은 생생한 느낌을 주고 삶의 기쁨을 강화시켜준다. 모든 나라에는 사람이 무엇을 꼭 해야 하는지에 대한 자기 나름의 생각들이 있다. 예를 들어 모두가 스포츠를 좋아하는 나라에서는 축구(하키, 야구 등등)를 하지 못하는 것이 수치스럽게 생각되며, 다른 나라에서는 모두가 춤을 좋아하고 그런 이유로 인해 그곳에서는 춤을 출 줄 모른다는 것이 부끄러운 일이다: 예를 들어 라틴아메리카에서 라틴아메리카 춤을 출 줄 모르는 사람은 진정한 라틴아메리카 사람으로 간주되지 않는다.

당신 나라에서는 어떤지 말해보십시오. 평균적인 한국 남자는 무엇을 할 줄 알아야 합니까? 평균적인 한국 여자는요? 그들에게 무엇이 없다면 진정한 한국인으로 간주할 수가 없나요?

Когда́ челове́к приезжа́ет в страну́ впервы́е, что́бы лу́чше узна́ть хара́ктер на́ции, на́до сде́лать во́т что. Снача́ла посмотре́ть на ме́стность с са́мой высо́кой то́чки – с горы́, ба́шни и́ли са́мого высо́кого зда́ния. Пото́м на́до попро́бовать национа́льную еду́. А гла́вное, на́до познако́миться с национа́льными та́нцами и ви́дами спо́рта. Они́ отража́ют ду́шу на́ции, ведь движе́ние – э́то осо́бый спо́соб *мышле́ния в простра́нстве*.

Е́сли бы вы должны́ бы́ли показа́ть свою́ страну́ иностра́нцам, то с како́й то́чки вы бы показа́ли им свой райо́н? Чем бы угости́ли? Каки́е спорти́вные мероприя́тия и та́нцы вы бы им предложи́ли посмотре́ть?

    국민성을 더 잘 알기 위해 처음으로 그 나라에 온 경우에는 다음과 같이 해야 한다. 우선 그 지역을 가장 높은 지점인 산, 탑 혹은 가장 높은 건물로부터 바라보아야 한다. 그 다음에는 그 나라의 음식을 먹어보아야 한다. 중요한 것은 그 나라의 춤과 스포츠 종목들에 접해 보아야 한다는 것이다. 그것들은 그 국민의 영혼을 반영하는데, 움직임은 특별한 공간적 사고 방식이기 때문이다.

    만약 당신이 자신의 나라를 외국인들에게 보여주어야 한다면, 어떤 지점에서 자신의 지역을 그들에게 보여주겠습니까? 무엇으로 그들을 대접하겠습니까? 어떤 스포츠 행사와 춤을 보라고 그들에게 권하겠습니까?

주요 구문과 표현

угоща́ть/угости́ть кого́ чем

~에게(사람) ~을 대접하다: ~를(사람) ~로 접대하다

· Моя́ ма́ма – о́чень гостеприи́мная хозя́йка. Когда́ у нас быва́ют го́сти, она́ угоща́ет их мно́жеством ра́зных вку́сных блюд.

나의 엄마는 손님 맞기를 매우 좋아하는 주부이다. 우리 집에 손님들이 올 때면 엄마는 그들에게 다양한 요리를 대접한다.

· Они́ меня́ угости́ли занима́тельным разгово́ром.

그들은 재미있는 대화로 나를 접대했다(이처럼 대접의 수단이 음식이 아닌 경우도 있다).

Истори́чески спорт возни́к как ритуа́льная же́ртва Бога́м физи́ческой эне́ргии. В на́ши дни к спо́рту отно́сятся по-ра́зному. Не́которые презира́ют спорт: э́то пуста́я, бесце́льная тра́та вре́мени и сил спортсме́нов, а та́кже их боле́льщиков. Други́е от спо́рта в восто́рге: спорт – их рели́гия, а спортсме́н – настоя́щий геро́й, си́льный, волево́й, му́жественный и благоро́дный. Тре́тьи равноду́шны к спо́рту, не замеча́ют его́, в их жи́зни его́ нет. А что ду́маете о спо́рте вы?

역사적으로 볼 때 스포츠는 육체의 힘을 신들에게 희생으로 바치는 의식으로서 생겨났다. 오늘날에는 스포츠에 대해 여러 가지 태도가 존재한다. 어떤 사람들은 스포츠를 경멸한다: 그것은 스포츠 선수들과 그들을 응원하는 사람들의 시간과 정력의 무의미하고 쓸데 없는 낭비라는 것이다. 다른 사람들은 스포츠로 인해 열광한다: 스포츠는 그들의 종교이며, 스포츠 선수는 진정한 영웅으로서, 강하고 의욕적이며 용감하고 고결하다. 또 다른 사람들은 스포츠에 무관심해서 그런 것이 있는지도 모르기에, 그들의 삶에 스포츠는 존재하지 않는다. 그렇다면 당신은 스포츠에 대해 어떻게 생각합니까?

주요 구문과 표현

1. быть в восто́рге от чего́, кого́ ~으로 인해 열광하다, 매우 기뻐하다

· Все иностра́нцы в восто́рге от коре́йского о́строва Чеджудо́.
  모든 외국인은 한국의 제주도를 보면 열광한다.

2. быть равноду́шным к чему́, кому́ ~에 무관심하다

· Хотя́ моя́ ма́ма домохозя́йка, но она́ равноду́шна к сериа́лам, кото́рые так лю́бят други́е домохозя́йки.
  엄마는 주부이기는 하지만 다른 주부들이 그렇게나 좋아하는 드라마에는 무관심하다.

Есть ра́зные то́чки зре́ния.

1) Большо́й спо́рт – э́то большо́й би́знес. Спорти́вные клу́бы и ме́неджеры де́лают де́ньги буква́льно на всём: на организа́ции соревнова́ний, на имена́х спортсме́нов. Распространя́ется да́же спорти́вный шпиона́ж: скры́тые за́писи трениро́вок сопе́рников.

2) Спорти́вный би́знес – э́то прекра́сно, он сде́лал элита́рный ра́нее спорт ма́ссовым. Спорт пропаганди́рует высо́кие станда́рты те́ла и че́стной борьбы́. К тому́ же сейча́с мно́гие спортсме́ны стано́вятся материа́льно незави́симыми и́менно благодаря́ спо́рту. В на́ши дни прести́ж спо́рта и спортсме́на в о́бществе о́чень высо́к.

Ва́ша пози́ция по э́тому вопро́су?

두 개의 관점이 있다.

1) 대규모 스포츠, 이것은 대규모 사업이다. 스포츠 구단과 매니저들은 대회 구성과 스포츠 선수들의 이름 등 그야말로 모든 것으로 돈을 번다. 심지어 스포츠 간첩 행위도 확산되고 있다: 경쟁자들의 훈련을 비밀리에 녹화하는 것이 그러하다.

2) 스포츠 비즈니스는 훌륭한 것이며, 그것은 예전에는 엘리트(선택된 자)들만이 하던 스포츠를 대중적인 것으로 만들었다. 스포츠는 육체를 가지고 정직하게 시합한다는 높은 기준점을 선전하고 있다. 게다가 현재 많은 스포츠 선수들은 바로 스포츠로 인해서 물질적으로 독립되어 있다. 오늘날 스포츠와 스포츠 선수들의 사회에서의 권위는 매우 높다.

이 문제에 대한 당신의 입장은 어떠합니까?

Одни́ отно́сятся к спортсме́нам пренебрежи́тельно: они́ ду́мают, что спортсме́ну голова́ не нужна́, нужны́ то́лько ло́вкость и си́ла. Спортсме́ны – недалёкие лю́ди с хорошо́ трениро́ванными му́скулами.

Други́е отно́сятся к спортсме́нам с глубо́ким уваже́нием. Спорти́вный тала́нт – это осо́бый тала́нт, осо́бые спосо́бности. Трениру́ясь, спортсме́ны выде́рживают перегру́зки. Совреме́нные ви́ды спо́рта о́чень сложны́. Кро́ме во́ли, насто́йчивости, упо́рного труда́ там нужны́ интелле́кт, тво́рческий подхо́д. В спо́рте борьба́ чи́стая, че́стная. А для кома́ндных ви́дов спо́рта ещё нужны́ уме́ние игра́ть в кома́нде, идеа́льная дру́жба, то есть высо́кие мора́льные ка́чества.

Каково́ ва́ше мне́ние о спортсме́нах? Е́сли бы у вас был вы́бор, кого́ пригласи́ть к себе́ в го́сти – звезду́ киноэкра́на (эстра́ды), олимпи́йского чемпио́на, худо́жника, компози́тора, писа́теля – кого́ бы вы вы́брали? Почему́?

어떤 사람들은 스포츠 선수들에 대해 무시하는 태도를 취한다: 그들은 스포츠 선수에겐 두뇌가 필요치 않으며 필요한 것은 기술과 힘뿐이라고 생각한다. 스포츠 선수들은 잘 훈련된 근육을 가진 미련한 사람들이라는 것이다.

다른 사람들은 깊은 존경심을 가지고 스포츠 선수들을 대한다. 스포츠 재능 – 이것은 특별한 재능, 특별한 능력이다. 훈련을 하면서 스포츠 선수들은 과부하를 견디어 낸다. 현대 스포츠 종목들은 매우 복잡하다. 의지와 끈기, 꾸준한 노력 이외에도 거기에는 지력과 창의적 접근법이 필요하다. 스포츠에서 경기는 깨끗하면서 정직하다. 단체 종목에서는 단체를 이루어 시합할 줄 아는 법과 이상적인 우정, 즉 높은 도덕적 자질도 요구된다.

스포츠 선수들에 대한 당신의 의견은 어떻습니까? 은막(무대)의 스타, 올림픽 챔피언, 화가, 작곡가, 작가 중 누군가를 초대할 수 있는 선택권이 당신에게 있다면 당신은 누구를 선택하겠습니까? 왜 그렇습니까?

주요 구문과 표현

относи́ться к чему́(кому́) как ~에 대해 ~한 태도를 보이다, ~를 ~한 태도로 대하다

- Супру́ги должны́ относи́ться друг к дру́гу с уваже́нием и любо́вью.
  부부는 서로 상대방을 존경과 사랑을 가지고 대해야 한다.

- Он положи́тельно относи́лся к моему́ предложе́нию.
  그는 나의 제안에 긍정적인 태도를 보였다.

Одни́ счита́ют, что комфо́рт и поко́й вредя́т те́лу, а гла́вное для челове́ка –движе́ние, его́ невозмо́жно замени́ть никаки́м лека́рством. У спортсме́нов и у тех, кто мно́го дви́гается, лу́чше сосу́ды, лу́чше рабо́тают се́рдце и други́е о́рганы. Други́е осторо́жны с таки́ми сужде́ниями. Движе́ние и спорт не так си́льно влия́ют на здоро́вье, как при́нято ду́мать. Здоро́вье зави́сит от насле́дственности, ге́нов, а ге́ны перебо́ро́ть нельзя́ ниче́м, в том числе́ и спо́ртом. Друго́й печа́льный факт: спортсме́ны и профессиона́льные танцо́ры, как пра́вило, к ста́рости стано́вятся людьми́ с о́чень плохи́м здоро́вьем. Больши́е физи́ческие нагру́зки и здоро́вье несовмести́мы. Спорт идёт на по́льзу здоро́вью до того́ моме́нта, когда́ спортсме́н получа́ет зва́ние *ма́стер спо́рта*, а его́ дальне́йшие достиже́ния и реко́рды иду́т здоро́вью во вред.

Вы́скажите ва́ше мне́ние об э́том.

어떤 사람들은 안락함과 평온함이 육체를 해치며, 인간에게 중요한 것은 운동이고 그것은 어떠한 약으로도 대체 불가능한 것이라고 생각한다. 스포츠 선수들과 많이 움직이는 사람들은 혈관이 더 좋으며 심장과 다른 기관들이 더 잘 작동한다. 다른 사람들은 이러한 판단들에 대해 조심스러워한다. 운동과 스포츠는 일반적으로 받아들여지는 것만큼 건강에 그렇게 큰 영향을 주지는 않는다. 건강은 유전과 유전자에 달려 있으며, 유전자는 스포츠를 포함한 그 어떤 것으로도 극복할 수 없다. 다른 슬픈 사실이 있다: 일반적으로 스포츠 선수들과 직업 댄서들은 나이가 들면 건강 상태가 매우 좋지 않은 사람들이 되어 버린다. 커다란 신체적 부담과 건강은 양립할 수 없다. 스포츠가 건강에 도움이 되는 것은 스포츠 선수가 스포츠의 명수라는 호칭을 얻을 때까지이며, 더 이상의 업적과 기록을 쌓으려는 것은 건강에 해가 된다.

이에 대한 당신의 의견을 말해 보십시오.

주요 구문과 표현

가. что идёт во вред здоро́вью ~이 건강에 해가 되다

· Плохи́е привы́чки (куре́ние, алкого́ль, нарко́тики) иду́т здоро́вью во вред. 나쁜 습관들(흡연·음주·마약)은 건강에 해가 된다.

나. что идёт на по́льзу здоро́вью ~이 건강에 도움이 되다

· Говоря́т, что отка́з от са́хара идёт на по́льзу здоро́вью.
설탕을 먹지 않는 것이 건강에 도움이 된다고들 한다.

7 Рекорд – достижение только спортсмена? Или не только его?

Одни́ счита́ют, что реко́рд – э́то результа́т трудолю́бия и тала́нта спортсме́на. Благодаря́ свои́м уси́лиям, он успе́шно защища́ет спорти́вную честь страны́. Други́е говоря́т, что успе́х спортсме́на – э́то не то́лько результа́т его́ уси́лий: по реко́рдам мо́жно суди́ть о процвета́нии на́ции вообще́.

Как вы ду́маете, каки́е госуда́рственные достиже́ния отража́ются в ли́чных реко́рдах спортсме́нов? Успе́хи систе́мы образова́ния? Достиже́ния систе́мы здравоохране́ния? Мастерство́ тре́неров? Хоро́шая рабо́та массажи́стов, враче́й, спорти́вных коммента́торов, журнали́стов? Высо́кое ка́чество пита́ния?

기록은 스포츠 선수만의 업적인가? 또는 그만의 업적은 아닌가?

어떤 사람들은 기록이 스포츠 선수의 근면과 재능의 결과라고 생각한다. 자신의 노력 덕분에 그는 자국 스포츠의 명예를 성공적으로 지켜낸다. 다른 사람들은 스포츠 선수의 성공이 그의 노력의 결과인 것만은 아니라고 말한다: 기록에 의해서 국가 전체의 번영에 대해 판단할 수 있다.

당신은 스포츠 선수들의 개인 기록에 어떠한 국가적 업적이 반영된다고 생각합니까? 교육 제도의 업적? 보건 제도가 이루어 놓은 것들? 트레이너의 뛰어난 기술? 마사지사, 의사, 스포츠 해설가, 기자들의 훌륭한 업무? 높은 식생활 수준?

주요 구문과 표현

судить о ком-чём по чему ~에 대해 ~에 근거해 판단하다

· Нельзя судить о человеке по внешности.
외모에 의해 사람에 대해 판단하면 안 된다(외모를 보고 사람을 판단하면 안 된다).

· Об экономическом развитии страны можно судить по тому, есть ли на улицах её городов нищие.
국가의 경제적 발전에 대해서는 도시 거리에 거지들이 있는지를 보고 판단할 수 있다.

Сейча́с же́нщины осва́ивают мужски́е ви́ды спо́рта: есть же́нщины и в бо́ксе, и в дзюдо́, и в прыжка́х с шесто́м, и в футбо́ле. На ваш взгляд, како́й традицио́нно мужско́й вид спо́рта наибо́лее и наиме́нее подхо́дит для же́нщин? Как вы ду́маете, мужчи́на хоте́л бы име́ть рома́н с же́нщиной-футболи́сткой и́ли же́нщиной-боксёром? Хоте́ла бы име́ть таку́ю подру́гу же́нщина?

Каки́е ви́ды спо́рта оста́лись чи́сто мужски́ми? Есть ли ви́ды спо́рта, кото́рыми не хотя́т занима́ться мужчи́ны, потому́ что счита́ют э́то же́нским де́лом?

　　지금은 여자들이 남성 스포츠 종목들을 터득하고 있다: 복싱에도, 유도에도, 장대높이뛰기에도, 축구에도 여자들이 있다. 당신이 보기에 어떠한 전통적 남성 스포츠 종목이 여자들에게 가장 잘 또는 가장 덜 어울립니까? 남자가 여자 축구 선수 또는 여자 복싱 선수와 연애를 하고 싶어할 것이라고 생각합니까? 여자가 그런 여자 친구를 가지고 싶어할까요?

　　어떤 스포츠 종목이 완벽하게 남성의 것으로 남아 있습니까? 여자들의 일이라고 간주되기 때문에 남자들이 하고 싶어하지 않는 스포츠 종목들이 혹시 있습니까?

주요 구문과 표현

осва́ивать/осво́ить что (~을 하는 방법·기술·지식 등등을) 터득하다, 습득하다

· Любо́е но́вое де́ло осва́ивать тру́дно, будь то спорт, будь то му́зыка, будь то кулина́рия.

스포츠이든 음악이든 요리이든 어떤 것이든 새로운 일은 터득하기가 어렵다.

Ча́сто прихо́дится слы́шать, что спорт – э́то путь самопозна́ния и самосоверше́нствования. И на э́том пути́ спортсме́ны не сопе́рники, а друзья́. Они́ с де́тства позна́ли, како́е наслажде́ние владе́ть свои́м те́лом, свое́й во́лей, свои́м хара́ктером.

Ра́зные ви́ды спо́рта развива́ют ра́зные ка́чества. Наприме́р: о́бщую выно́сливость развива́ют бег, лы́жи, пла́ванье, гре́бля; си́лу – тяжёлая атле́тика; быстроту́ – бег на 100 ме́тров; ло́вкость – акроба́тика, единобо́рства; сме́лость — парашю́тный спорт, прыжки́ на лы́жах с трампли́на; ги́бкость – гимна́стика; самооблада́ние – экстрема́льные ви́ды спо́рта.

Како́й ваш люби́мый вид спо́рта и что он развива́ет?

Что вы зна́ете о паралимпи́йских ви́дах спо́рта – спо́рте для люде́й с ограни́ченными возмо́жностями?

Каки́е относи́тельно но́вые ви́ды спо́рта вам нра́вятся: баскетбо́л на траве́? Во́дный сла́лом? Геоке́шинг – по́иски тайнико́в и кла́дов по координа́там?...

스포츠는 자기 인식과 자기 완성의 길이라는 말을 들을 경우가 종종 있다. 그리고 이 길에서 스포츠 선수들은 경쟁자가 아니라 친구이다. 그들은 자신의 몸과 의지와 성격을 마음대로 다룰 줄 안다는 것이 얼마나 기분 좋은 일인지 어릴 때부터 인식을 한다.

다양한 스포츠 종목들은 다양한 자질들을 발전시킨다. 예를 들어, 전체적인 인내력을 발전시키는 것은 달리기, 스키, 수영, 조정이다. 힘은 역도가 길러주고 속도는 100미터 달리기가 길러준다. 절묘한 기술은 아크로바틱과 격투기가 길러주며 대담성은 낙하산을 사용하는 스포츠와 스키 점프가 길러준다. 유연성은 체조가 길러주며 침착성은 익스트림(극한) 스포츠 종목들이 길러준다.

당신이 좋아하는 종목은 무엇이며, 그것은 무엇을 발전시킵니까?

당신은 패럴림픽 스포츠 종목들에 대해, 즉 장애인들을 위한 스포츠에 대해 무엇을 아십니까?

비교적 새로운 스포츠 종목들 중 어떤 것이 당신 마음에 듭니까? 풀밭에서 하는 농구? 래프팅? 좌표에 따라 비밀 장소와 보물을 찾아내는 지오캐싱 게임?

Говоря́т, душа́ челове́ка раскрыва́ется в игре́, осо́бенно аза́ртной. Но лю́ди по-ра́зному отно́сятся к игре́. Одни́ – боле́льщики – лю́бят то́лько наблюда́ть за игро́й. Им нужны́ но́вые впечатле́ния, пра́здничность, аза́рт. Они́ лю́бят наблюда́ть ра́зные спорти́вные соревнова́ния (футбо́л, бейсбо́л и т.д.), е́здить на ипподро́м. Э́то повыша́ет то́нус, снима́ет стре́ссы, уста́лость. Други́е – игроки́ – лю́бят игра́ть, наприме́р, в компью́терные и аза́ртные и́гры. Напряже́ние, аза́рт, опа́сность даю́т им я́ркие эмо́ции. Среди́ игроко́в есть экстрема́лы, наприме́р, скалола́зы. Экстрема́льный спорт для них – кокте́йль из стра́ха и аза́рта. Без ри́ска им ску́чно жить. У тре́тьих – равноду́шных – нет аза́рта игрока́ или боле́льщика.

Кем вы счита́ете себя́: игроко́м, боле́льщиком, равноду́шным? А ва́ших друзе́й и знако́мых?

　사람의 영혼은 게임에서, 특히 도박성의 게임에서 드러난다는 말이 있다. 하지만 게임에 대한 사람들의 태도는 다양하다. 어떤 사람들은 응원하는 사람들로서 게임을 구경하는 것만을 좋아한다. 그들에게는 새로운 인상, 축제 기분, 흥분이 필요하다. 그들은 다양한 스포츠 시합들(축구, 야구 등등)을 구경하고 경마장에 가는 것을 좋아한다. 이것은 원기를 회복하게 만들고 스트레스와 피로를 해소시켜 준다. 그와는 다른 사람들은 게임을 즐기는 사람들로서 예를 들어 컴퓨터 게임과 도박 게임을 즐겨 한다. 긴장감, 흥분, 위험성이 그들에게 강렬한 느낌을 준다. 그들 중에는 예를 들어 암벽 등반가들처럼 극단적인 사람들이 있다. 극단적 스포츠는 그들에게 공포와 흥분으로 만들어진 칵테일이다. 그들에게 위험이 없는 인생은 지루하다. 세 번째 사람들은 무관심한 사람들로서 그들에게는 게임을 즐기는 사람 혹은 응원하는 사람으로서의 흥분이라는 것이 없다.

　당신은 자신을 무엇이라고 생각합니까? 게임을 즐기는 사람, 응원하는 사람, 무관심한 사람? 그렇다면 당신의 친구들과 지인들은?

В на́ши дни далеко́ не все занима́ются спо́ртом и стремя́тся к физи́ческому соверше́нству, и э́то социа́льная пробле́ма. А что бу́дет в бу́дущем? Есть ра́зные прогно́зы о спо́рте в о́бществе бу́дущего. Оптимисти́ческий прогно́з: лю́ди бу́дут уделя́ть большо́е внима́ние физи́ческому соверше́нству, бу́дут акти́вно занима́ться спо́ртом, спорт бу́дет ча́стью жи́зни ка́ждого челове́ка, и в нём бу́дет важна́ не сто́лько те́хника, ско́лько артисти́зм, эсте́тика. Пессимисти́ческий прогно́з: вряд ли в о́бществе бу́дущего все лю́ди без исключе́ния ста́нут спорти́вными. В любо́м о́бществе есть лю́ди, неспорти́вные от приро́ды. На у́ровне ге́нов цивилиза́ция ничего́ не мо́жет измени́ть.

А как вы представля́ете себе́ спорт бу́дущего?

주요 구문과 표현

уделя́ть большо́е внима́ние чему́ ~에 큰 관심을 기울이다

не уделя́ть никако́го внима́ния чему́ ~에 아무 관심도 기울이지 않다

오늘날 모든 사람들이 스포츠를 즐기며 육체적 완성을 위해 노력하는 것은 전혀 아니며, 이것은 사회적인 문제이다. 미래에는 어떻게 될 것인가? 미래 사회의 스포츠에 대해서는 다양한 예측들이 있다. 낙관적인 예측은 사람들이 육체적 완벽 상태에 상당한 관심을 기울이게 될 것이며 적극적으로 스포츠를 즐길 것이고 스포츠는 모든 사람들의 삶의 한 부분이 되어 그 속에는 기술보다는 예술적 취향과 미적 취향이 더 중요해질 것이라는 예측이다. 비관적인 예측은 미래 사회에서 모든 사람들이 예외 없이 스포츠적인 사람들이 될 가능성은 거의 없다는 것이다. 어떤 사회이든 천성적으로 스포츠와 거리가 먼 사람들이 있다. 유전자의 수준에서 문명은 아무 것도 변화시킬 수 없다.

당신은 미래의 스포츠를 어떻게 상상하십니까?

· Éсли человéк уделя́ет большóе внимáние здорóвью (кáждый день занимáется спóртом, мнóго дви́гается), он хорошó вы́глядит. 사람이 건강에 큰 관심을 기울이면(매일 스포츠를 하고 많이 움직이면) 겉모습이 좋아 보인다.

· Éсли человéк не уделя́ет никакóго внимáния здорóвью (ведёт неподви́жный óбраз жи́зни, перееда́ет, кýрит и т.д.), он плóхо вы́глядит. 사람이 건강에 아무 관심도 기울이지 않으면(움직이지 않고 살거나 과식하거나 흡연하거나 등등) 겉모습이 나빠 보인다.

1. Быстре́е. Вы́ше. Сильне́е. Умне́е. (Елена Ермолова)

2. Не́которые счита́ют, что футбо́л – де́ло жи́зни и сме́рти. Они́ ошиба́ются: футбо́л гора́здо важне́е. (Б. Шанкли)

3. Я стара́юсь жить, как живу́т обы́чные лю́ди. Как то́лько бое́ц посчита́ет себя́ вели́ким, он проигра́ет.(Фёдор Емельяненко)

1. *А*: Гла́вное в спо́рте – спорти́вная те́хника. *Б*: Гла́вное – самооблада́ние, холо́дная голова́, овладе́нием волне́нием, уме́ние сра́зу забыва́ть успе́х и пораже́ние.

2. Вы хоти́те пойти́ на футбо́льный матч. Друг вас отгова́ривает от э́того, потому́ что быва́ют слу́чаи драк ме́жду боле́льщиками ра́зных кома́нд.
   • слу́чай дра́ки (мн.ч.- слу́чаи драк) 싸움 사건

3. Сын увлека́ется экстрема́льными ви́дами спо́рта (го́нками на

мотоци́клах по сне́гу, скалола́занием), а роди́тели заставля́ют его́ бро́сить э́то и занима́ться ша́хматами или ша́шками: ведь с о́пытом чу́вство опа́сности притупля́ется, а опа́сность остаётся.

4. Дво́е рассужда́ют, что опа́снее: казино́ или экстрема́льные ви́ды спо́рта. В казино́ мо́жно попа́сть в зави́симость от игры́, всё потеря́ть (отрезвле́ние наступа́ет, когда́ всё потеря́но, судьба́ разда́влена). А в экстри́ме возмо́жны серьёзные тра́вмы.

    • попа́сть в зави́симость от игры́ 노름에 중독되다

5. Вы хоти́те стать преподава́телем латиноамерика́нских та́нцев, а роди́тели счита́ют, что э́то легкомы́сленная профе́ссия.

6. Оте́ц – олимпи́йский чемпио́н по тяжёлой атле́тике (штанги́ст) – хо́чет тренирова́ть свою́ дочь. А его́ жена́, мать де́вочки, счита́ет, что э́то преступле́ние пе́ред до́черью, потому́ что вообще́ заня́тия шта́нгой для же́нщины – преступле́ние пе́ред приро́дой.

7. Ваш друг – рыболо́в-спортсме́н, а вы – член па́ртии зелёных: вы про́сите его́ лови́ть ры́бу и сра́зу выпуска́ть обра́тно в ре́ку.

8. *А*: На́до запрети́ть билья́рд. Сли́шком аза́ртная игра́, ча́сто – на де́ньги. *Б*: По сравне́нию с други́ми ви́дами спо́рта он хорошо́ расслабля́ет: не на́до ду́мать. И выраба́тывается вы́держка. Запреща́ть билья́рд не на́до ни в ко́ем слу́чае.

    • выраба́тывать вы́держку 인내력을 기르다

9. Вы ро́бкий. Одни́ знако́мые сове́туют вам занима́ться па́рными та́нцами: они́ де́лают мя́гким, откры́тым, свобо́дным, уве́ренным в себе́, ле́чат ду́шу и те́ло, у́чат обще́нию, снима́ют стре́ссы. Други́е сове́туют занима́ться боевы́ми иску́сствами. Како́й сове́т лу́чше?

10. *А*: Люблю́ экстри́м! Наприме́р, е́здить на маши́не с бе́шеной ско́ростью, обгоня́ть! Ве́село! Аза́рт! *Б*: Доро́жные пра́вила *напи́саны кро́вью*; ра́но или по́здно лиха́ч поги́бнет и́ли погу́бит други́х. Безрассу́дство, осо́бенно на доро́ге, – не геро́йство. Лу́чше занима́йся экстрема́льными ви́дами спо́рта.

11. Тури́зм и здоро́вый о́браз жи́зни – для вас гла́вное. А ва́ша жена́ лю́бит поко́й, пасси́вный о́тдых (телеви́зор, кни́га, пляж).
    • здоро́вый о́браз жи́зни 건강한 생활 방식
    • пасси́вный о́тдых 수동적인(정적인) 여가 활동(예: 일광욕, 텔레비전 감상, 독서)

12. Два спортсме́на реша́ют, ну́жно ли им учи́ть иностра́нные языки́, ско́лько, каки́е, для чего́.

13. Каки́е ви́ды спо́рта дёшево обхо́дятся челове́ку, а на каки́е нужны́ больши́е де́ньги?

14. *А*: Занима́ться или не занима́ться спо́ртом – э́то свобо́дный вы́бор челове́ка. *Б*: Тот, кто ма́ло дви́гается, физи́чески несостоя́телен.

15. *А*: Физи́ческое соверше́нство без во́ли и э́тики превраща́ет челове́ка в го́ру му́скулов или банди́та. *Б*: Э́тика без физи́ческого соверше́нства де́лает челове́ка беспомо́щным.

Пишем сочинение 다음의 주제들을 가지고 글쓰기를 해봅시다

1. Са́мый популя́рный вид спо́рта в на́шей стране́.

2. Спо́рт – но́вая рели́гия или заня́тие «от не́чего де́лать»?

3. Мой люби́мый вид спо́рта. Мой люби́мый та́нец.

4. Кто мы: игроки, боле́льщики и́ли равноду́шные к и́грам лю́ди?

5. Спорт – спо́соб самоутвержде́ния и самопозна́ния.

6. Физи́ческая культу́ра – часть о́бщей культу́ры челове́ка.

7. Го́рдость мирово́го спо́рта в на́шей стране́.

8. Леге́нды мирово́го спо́рта.

9. Та́нец – портре́т на́ции.

10. Смысл движе́ния: ра́дость? красота́? здоро́вье?

Дополнительный материал 보충 자료

Познако́мьтесь с ру́сскими посло́вицами о спо́рте.

Скажи́те, кака́я вам бо́льше нра́вится и почему́.

스포츠에 대한 러시아 속담을 익혀보십시오.

어떤 것이 가장 마음에 들며 그 이유는 무엇입니까?

Русские пословицы 러시아 속담

- **Пешко́м ходи́ть — до́лго жить.**

  걸어 다니면 오래 살 수 있다.

- **Кто спо́ртом занима́ется, тот си́лы набира́ется.**

  스포츠를 즐기는 사람은 원기가 넘치게 된다.

- **Со́лнце, во́здух и вода́ — на́ши лу́чшие друзья́.**

  태양·공기·물은 우리의 가장 좋은 친구들이다.

- **В спо́рте, как и в казино́, вы́играть случа́йно о́чень тру́дно.**

  도박장에서와 마찬가지로 스포츠에서도 우연히 이기기란 매우 힘들다.

- **Физкульту́ра — ле́чит, спорт — кале́чит.**

  체육은 사람을 치료하고 스포츠는 사람을 불구로 만든다(아침체조, 가벼운 아마추어 스포츠, 걷기, 뛰기 등은 몸에 건강을 가져오지만, 지나치게 경쟁적이고 과도한 훈련을 하는 전문 스포츠 선수들은 그 후유증으로 인해 나이가 들어 질병을 앓게 되는 경우도 있음을 가리키는 말).

- **Отда́й спо́рту вре́мя, а взаме́н получи́ здоро́вье.**

  스포츠에 시간을 투자하면 건강으로 돌려받을 수 있다.

이 신비로운 동물들…

Тема 4

Эти загадочные животные…

Обяза́тельно ли ка́ждый до́лжен люби́ть живо́тных?

Был тако́й слу́чай: президе́нт одно́й страны́ отказа́лся держа́ть до́ма щенка́, он сказа́л, что не лю́бит держа́ть живо́тных в до́ме. По́сле э́того в газе́те написа́ли: «Забо́та о живо́м существе́ – есте́ственная потре́бность челове́ка. Е́сли челове́к не лю́бит дома́шних живо́тных и всё живо́е, э́то плохо́й челове́к и плохо́й президе́нт. Хоро́ший президе́нт обяза́тельно до́лжен держа́ть до́ма соба́ку. Лю́ди, облада́ющие вла́стью, должны́ люби́ть живо́тных, что́бы други́е гра́ждане им подража́ли. Тогда́ гумани́зма в о́бществе бу́дет бо́льше».

Как вы ду́маете, журнали́ст был прав и́ли не прав?

1 반드시 모든 사람이 동물을 좋아해야 하는 것인가?

이런 일이 있었다. 어떤 나라의 대통령이 집에서 강아지를 기르기를 거부하면서 집 안에서 동물을 키우는 것을 좋아하지 않는다고 말했다. 그러자 신문에 다음의 글이 실렸다.《생물에 대한 돌봄은 인간의 자연스러운 욕구이다. 인간이 가축과 모든 살아 있는 것들을 좋아하지 않는다면 그는 나쁜 사람이고 나쁜 대통령이다. 훌륭한 대통령이라면 반드시 집에 개를 길러야 한다. 권력을 가진 사람들은 다른 시민들이 그들을 모방할 수 있도록 동물을 사랑해야 한다. 그렇게 되면 사회 내에 인도주의적 정신이 더 높아질 것이다.》

이 기자가 옳았는지 틀렸는지, 당신은 어떻게 생각합니까?

돌봄, 보살핌, 걱정 등의 의미를 가지는 다음 세 가지 단어의 사용법을 구별해서 알아보기로 하자.

가. **забо́та о ком(чём)** ～을 돌봄, 보살핌, ～에 대한 걱정(경제적, 육체적 상태를 포함한 삶 전반에 대해 걱정하고 보살피려는 마음과 행동을 의미)

- **забо́титься о ком(чём)** ～을 보살피다, ～에 대해 걱정하다

> · Забо́та о де́тях и о роди́телях – долг ка́ждого поря́дочного челове́ка.
> 자식들과 부모에 대한 보살핌은 모든 성실한 사람들의 의무이다.
> · Она́ забо́тилась о чужи́х де́тях, как о родны́х.
> 그녀는 마치 자기 아이들인 것처럼 남의 아이들을 돌보았다.
> · Забота о материальном обеспечении семьи заставляла его много работать. 가족의 생활을 물질적으로 보장해 주는 것에 대한 걱정이 그로 하여금 일을 많이 하게 만들었다(이 경우에는 ～에 대한 '걱정'이라는 뜻).
> · Вам ни о чём не ну́жно забо́титься – всё бу́дет в поря́дке.
> 당신은 아무 것에 대해서도 걱정할 필요가 없습니다. 모든 게 다 잘 될 거예요.

나. **ухо́д (또는 ухаживание) за кем(чем)** ～을 돌봄, 보살핌(забота보다는 좀 더 구체적이고 육체적인 행위로서의 돌봄을 의미), ухаживание는 '구애'라는 뜻도 가지고 있다.

- **уха́живать за кем(чем)** ～을 돌보다, 보살피다, ～에게 구애하다

- Ухо́д за тяжелобольны́ми – тру́дное де́ло. = Тру́дно уха́живать за тяжёлобольны́ми. 중환자들을 보살피는 것은 어려운 일이다.

- Ухо́д за дома́шними расте́ниями – не просто́е дело. = За дома́шними расте́ниями не про́сто уха́живать.
  집안의 식물을 돌보는 것은 간단치 않은 일이다.

- Уха́живание за же́нщинами не́которые мужчи́ны счита́ют тру́дным де́лом. 어떤 남자들은 여자들에게 구애하는 것을 매우 어렵게 생각한다.

- Мой друг уже́ три го́да уха́живает за мое́й сестро́й. Наве́рное, они́ ско́ро поже́нятся.
  내 친구는 이미 3년째 내 여동생에게 구애하고 있다. 아마도 그들은 곧 결혼할 것이다.

다. **беспоко́йство о чём(ком)** ~에 대한 걱정(생각을 통해 걱정하는 행위)

- **беспоко́иться о чём(ком)** ~에 대해 걱정하다

- Ва́ше беспоко́йство о безопа́сности ва́ших дете́й в гора́х мне поня́тно, но не беспоко́йтесь ни о чём: у них о́пытный инстру́ктор.
  산에 간 자식들에 대한 당신의 걱정은 이해가 되지만, 아무 것도 걱정하지 마세요. 그들에겐 경험 많은 인솔자가 있으니까요.

- Я бо́льше не беспоко́юсь о бу́дущем. Всё, что ни происхо́дит – не ва́жно, хоро́шее или плохо́е – я могу́ вы́нести.
  나는 더 이상 미래에 대해 걱정하지 않습니다. 좋은 일이든 나쁜 일이든, 무슨 일이 일어나더라도 모두 견뎌낼 수 있어요.

Кро́ме соба́к и ко́шек сейча́с в дома́х де́ржат и други́х живо́тных, наприме́р, хомяко́в, порося́т. Хотя́ во мно́гих стра́нах запрещено́ держа́ть до́ма ди́ких живо́тных, появля́ется мо́да име́ть в ка́честве дома́шних люби́мцев экзоти́ческих живо́тных: змей, крокоди́лов, обезья́н.

Како́е живо́тное вы держа́ли бы до́ма, е́сли бы у вас была́ така́я возмо́жность? Како́е живо́тное – ваш люби́мец? Почему́?

요즘은 개와 고양이 외에도 다른 동물들, 예를 들어 햄스터, 새끼 돼지도 집에서 기른다. 집에서 야생 동물들을 기르는 것이 많은 국가들에서 금지되어 있기는 하지만 가정용 애완동물로서 이국적인 동물들인 뱀, 악어, 원숭이를 소유하는 유행이 나타나고 있다. 만약 그럴 가능성이 생긴다면 당신은 어떤 동물을 집에서 기르고 싶습니까? 어떤 동물이 당신이 좋아하는 동물입니까? 이유는 무엇입니까?

주요 구문과 표현

появля́ется/появи́лась мо́да + 동사원형
~하는 유행이 나타나고 있다(나타났다)

· В на́ши дни появи́лась хоро́шая мо́да регуля́рно ходи́ть в спортза́л (спорти́вный зал).

요즘은 규칙적으로 체육관에 다니는 좋은 유행이 나타났다.

В одни́х стра́нах дру́гом челове́ка счита́ют соба́ку, в други́х – змею́, в тре́тьих – слона́ или коро́ву. А у вас како́е живо́тное счита́ют дру́гом челове́ка? Счита́ется ли у вас како́е-нибу́дь живо́тное свяще́нным? Если бы вы могли́, како́е живо́тное вы сде́лали бы свяще́нным и почему́?

Кто ваш люби́мый писа́тель, кото́рый пи́шет о живо́тных? Каки́е слова́ (выска́зывания, афори́змы) о живо́тных вам нра́вятся? Како́й фильм о живо́тных (и́ли с уча́стием живо́тных) вы лю́бите? Каки́ми карти́нами (откры́тками, фотогра́фиями) с живо́тными вы мо́жете до́лго любова́ться? Каки́е скульпту́ры живо́тных вы ви́дели?

    어떤 국가에서는 개를 인간의 친구라 생각하는데, 다른 나라에서는 뱀, 또 다른 나라에서는 코끼리나 소를 그렇게 생각한다. 그렇다면 당신 나라에서는 어떤 동물을 인간의 친구라 생각합니까? 당신 나라에서는 어떤 동물이 신성하다고 간주되는 경우가 혹시 있습니까? 할 수 있다면 당신은 어떤 동물을 신성하게 만들고 싶습니까? 그 이유는?

    동물에 대한 글을 쓰는, 당신이 좋아하는 작가는 누굽니까? 동물에 대한 어떤 말(견해, 경구)이 당신 마음에 듭니까? 당신은 동물에 대한(혹은 동물이 참여한) 어떤 영화를 좋아합니까? 동물이 담겨 있는 어떤 그림(엽서, 사진)을 당신은 오래 동안 감상할 수 있습니까? 동물의 어떤 조각상을 본 적이 있습니까?

주요 구문과 표현

счита́ть кого́(что) кем(чем, каки́м)

~을 ~라고(~하다고) 간주하다(생각하다)

- Папа́ счита́ет меня́ трудолюби́вым, а ма́ма – лени́вым.

  아빠는 나를 부지런하다고 생각하지만 엄마는 내가 게으르다고 생각한다.

- Я счита́ю матема́тику тру́дным предме́том, а брат – лёгким.

  나는 수학이 어려운 과목이라고 생각하지만 동생은 쉽다고 생각한다.

4 Человек и другие живые существа

Каки́е живы́е существа́ вы счита́ете ми́лыми, романти́чными: пти́ц, ба́бочек...? Агресси́вными: аку́л, ти́гров, крокоди́лов...? Кто вызыва́ет у вас брезгли́вость: гу́сеницы, комары́, во́лки, му́хи...? А каки́е живы́е существа́ вам ка́жутся занима́тельными: муравьи́, голова́стики...? Умны́ми: соба́ки, слоны́, дельфи́ны...? Грацио́зными: ла́ни, ро́зовые флами́нго, леопа́рды...?

5 Мода на животных – это хорошо или плохо?

Кто́-то говори́т, что живо́тное в до́ме как дань мо́де – это хорошо́. Когда́ живо́тное живёт с ва́ми, его́ невозмо́жно не полюби́ть. А на любви́ к тем, кто слабе́е нас (живо́тные, де́ти, больны́е), челове́к у́чится люби́ть друго́го челове́ка. Други́е убеждены́, что это пло́хо. Челове́к, кото́рый завёл живо́тное без и́скренней любви́ к нему́, мо́жет ли́бо жесто́ко, ли́бо непра́вильно с ним обраща́ться, ли́бо че́рез не́которое вре́мя захо́чет изба́виться от своего́ пито́мца. Это показна́я любо́вь...

Ва́ше мне́ние?

당신은 어떤 생물들을 사랑스럽고 낭만적이라고 생각합니까? 새, 나비…? 공격적이라고 생각하는 것은요? 상어, 호랑이, 악어…? 무엇이 당신에게서 혐오감을 일으킵니까? 애벌레, 모기, 늑대, 파리…? 그럼 어떤 생물이 재미있어 보입니까? 개미, 올챙이…? 영리해 보이는 것은요? 개, 코끼리, 돌고래…? 우아해 보이는 것은요? 사슴, 홍학, 표범…?

5 동물에 대한 유행 — 이것은 좋은가 나쁜가?

유행을 따라가는 것으로서 집에서 동물을 기르는 것은 좋은 것이라고 누군가는 말한다. 동물이 당신과 함께 살게 되면 그것을 사랑하지 않게 되는 것은 불가능하다. 우리보다 약한 것들(동물들, 아이들, 병자들)을 향한 사랑 속에서 인간은 타인을 사랑하는 것을 배우게 된다. 다른 사람들은 이것이 좋지 않다고 확신한다. 진정한 사랑 없이 동물을 기르기 시작한 사람은 동물을 혹은 잔인하게 혹은 부당하게 대하거나, 혹은 얼마의 시간이 지나면 자신의 피양육자로부터 벗어나고 싶어지게 된다는 것이다. 이것은 겉모양만의 사랑이다… 당신의 의견은?

избавля́ться/изба́виться от кого́ (чего́) ~으로부터 벗어나다, 해방되다

· Мне надое́ли эти ста́рые ве́щи, я хочу́ изба́виться от них: вы́бросить или кому́-то отда́ть.

나는 이 오래된 물건들에 질려서 그것들에서 벗어나고 싶다: 버리든 아니면 누군가에게 주어야겠다.

Одни́ говоря́т, что де́ржат живо́тных в до́ме то́лько благоро́дные, прекра́сные лю́ди. Они́ заво́дят живо́тное потому́, что оно́ снима́ет стресс у хозя́ина, спаса́ет его́ от одино́чества. Челове́к мо́жет забы́ть и преда́ть друго́го челове́ка, а живо́тное, осо́бенно соба́ка, не забу́дет и не преда́ст своего́ хозя́ина никогда́. Поэ́тому безграни́чная любо́вь к живо́тным – э́то норма́льно и вполне́ объясни́мо. Други́е не согла́сны с э́тим: безграни́чная любо́вь к живо́тным – э́то немно́го стра́нно. Гру́стно, когда́ челове́к нахо́дит дру́га в живо́тном, а не в челове́ке, покупа́ет для него́ о́чень дороги́е ве́щи, наприме́р, оше́йники с бриллиа́нтами. А что ду́маете вы: безграни́чная любо́вь к живо́тным – э́то норма́льно и́ли немно́го стра́нно?

　　어떤 이들은 고결하고 훌륭한 사람들만이 집에서 동물들을 기른다고 말한다. 그들이 동물을 기르기 시작하는 이유는 동물이 주인의 스트레스를 해소해 주고 그를 고독으로부터 구원해 주기 때문이다. 사람은 다른 사람을 잊어버리고 배신할 수 있지만 동물, 특히 개는 자신의 주인을 절대 잊어버리지 않고 배신하지도 않는다. 때문에 동물을 향한 무한대의 사랑 – 이것은 정상적이며 충분히 설명 가능한 것이다. 다른 사람들은 이 점에 동의하지 않는다. 동물을 향한 무한대의 사랑 – 이것은 조금 이상하다는 것이다. 인간이 친구를 사람이 아니라 동물에게서 발견하고, 매우 비싼 물건들, 예를 들어 보석이 박힌 목걸이들을 그 동물에게 사 준다는 것은 슬픈 일이다. 당신은 어떻게 생각합니까? 동물을 향한 무한대의 사랑 – 이것은 정상적입니까, 아니면 조금 이상합니까?

주요 구문과 표현

спаса́ть/спасти́ кого́ от чего́　~을 ~로부터 구하다

· Дру́жба и любо́вь спаса́ют челове́ка от одино́чества и стре́ссов.
　우정과 사랑은 인간을 외로움과 스트레스로부터 구원한다.

Живо́тные и́здавна ве́рно слу́жат челове́ку. В Би́блии их называ́ют *на́шими ме́ньшими бра́тьями*.

Живо́тные ле́чат: Игра́ с дельфи́нами де́лает ребёнка раско́ваннее, ра́достнее, общи́тельнее, и он ра́ньше начнёт говори́ть. Ры́бки, ко́шки, соба́ки, ло́шади сни́мают боль и депре́ссию у люде́й ра́зного во́зраста. Обще́ние с ни́ми ле́чит не́рвную систе́му челове́ка любо́го во́зраста, осо́бенно ребёнка. Тако́е обще́ние успока́ивает одино́ких пожилы́х люде́й, у них уменьша́ется депре́ссия. Верхова́я езда́ (на ло́шади) даёт мно́го ра́дости всем, осо́бенно – инвали́дам, кото́рые са́ми не мо́гут дви́гаться. Обезья́на мо́жет обслу́живать инвали́да. Пия́вки и не́которые ви́ды рыб мо́гут лечи́ть ко́жу (ко́жные боле́зни).

Живо́тные охраня́ют: Соба́ка стережёт дом, защища́ет хозя́ина.

Живо́тные развлека́ют: Ска́чки на верблю́дах, та́нцы с соба́ками, коре́йские бои́ быко́в –интере́сные зре́лища.

Живо́тные помога́ют учёным и поли́ции: С их по́мощью прово́дятся косми́ческие и медици́нские экспериме́нты, тести́рование лека́рств. Они́ помога́ют иска́ть нарко́тики и взрывча́тку.

Расскажи́те, каку́ю по́мощь от живо́тных вы получа́ли в свое́й жи́зни? Вы зна́ете исто́рии, когда́ живо́тное спасло́ жизнь челове́ку или друго́му живо́тному? Каки́е вы зна́ете приме́ры пре́данности живо́тного хозя́ину?

동물들은 오래 전부터 인간에게 충실하게 봉사해 왔다. 성경에서는 그들을 '우리의 작은 형제들'이라고 부르고 있다.

동물들은 치료한다: 돌고래와 노는 것은 아이를 더 자유롭고 더 기쁘고 더 사교적으로 만들어 주므로, 아이는 더 일찍 말하기를 시작하게 될 것이다. 물고기, 고양이, 개, 말은 다양한 연령 사람들의 고통과 우울을 제거한다. 이것들과 교류하는 것은 어떤 연령의 사람이든, 특히 아이라면, 그의 신경계를 치료한다. 그러한 교류는 외로운 노인들을 달래주어서 그들의 우울이 감소된다. 말타기는 모두에게 큰 기쁨을 주는데, 스스로 움직이지 못하는 장애인들에게는 특히 그러하다. 원숭이는 장애인에게 봉사할 수 있다. 거머리와 몇몇 종류의 물고기들은 피부(피부병)를 치료할 수 있다.

동물들은 경비를 선다: 개는 집을 지키고 주인을 보호한다.

동물들은 즐겁게 해준다: 낙타 타고 달리기, 개와 춤추기, 한국의 소싸움은 재미있는 구경거리이다.

동물들은 학자와 경찰을 돕는다: 그들의 도움으로 우주 실험과 의학 실험, 신약 테스트가 행해진다. 그들은 마약과 폭발물을 찾는 것을 돕는다.

자신의 삶에서 동물들로부터 어떠한 도움을 받았는지에 대해 이야기해 보십시오. 동물이 사람 혹은 다른 동물의 생명을 구한 이야기를 알고 있습니까? 당신은 주인을 향한 동물의 헌신에 대해 어떤 예들을 알고 있습니까?

спаса́ть/спасти́ жизнь кому́ ~의 생명(목숨)을 구하다

· По́сле оконча́ния войны́ он ча́сто навеща́л дру́га, кото́рый на фро́нте спас ему́ жизнь.

전쟁이 끝난 후, 그는 전선에서 그의 목숨을 구해준 친구를 자주 방문했다.

Существу́ет ра́зное отноше́ние к корри́де – бо́ю челове́ка с быко́м по определённым пра́вилам. Одни́ лю́ди лю́бят корри́ду как зре́лище, потому́ что они́ хотя́т узна́ть, что бу́дут чу́вствовать при ви́де кро́ви и при ви́де опа́сности: ведь корри́да – это игра́ со сме́ртью, с судьбо́й, и это не шу́тка. Матадо́ра они́ счита́ют не жесто́ким, а сме́лым, потому́ что пе́ред ка́ждым бо́ем он преодолева́ет большо́й страх. Корри́да помога́ет челове́ку освободи́ться от со́бственной жесто́кости, кото́рая могла́ бы быть напра́влена на челове́ка. К тому́ же корри́да – я́ркая национа́льная тради́ция не́которых стран.

Други́е счита́ют, что корри́ду на́до запрети́ть: ведь ги́бель живо́го без причи́ны – это не развлече́ние. На корри́де в зри́телях пробужда́ются жесто́кие инсти́нкты, а вы́сшие чу́вства (сострада́ние, доброта́, милосе́рдие) подавля́ются. Разбу́женная жесто́кость мо́жет быть пото́м напра́влена на челове́ка, на самого́ себя́, на приро́ду...

Что вы ду́маете о корри́де?

А к дрессиро́вке живо́тных в ци́рке, к содержа́нию живо́тных в кле́тках зоопа́рка как вы отно́ситесь: одобря́ете или осужда́ете?

투우 - 일정한 규칙에 따라 인간이 황소와 싸우는 것 - 에 대해서는 다양한 입장들이 존재한다. 어떤 사람들은 투우를 구경거리로서 좋아하는데 그 이유는 피와 위험을 보는 순간 어떤 느낌이 들지 알고 싶기 때문이다. 사실 투우는 죽음과의, 운명과의 게임이며 농담이 아니다. 그들은 투우사를 잔인한 것이 아니라 용감한 사람으로 보는데, 그 이유는 매번 싸움을 하기에 앞서 그가 커다란 공포를 극복하기 때문이다. 투우는 사람에게 향해질 수 있는 인간 자신의 잔인성으로부터 인간이 벗어나는데 도움을 준다. 게다가 투우는 몇몇 나라의 선명한 민족적 전통이다.

다른 사람들은 투우를 금지해야 한다고 생각한다: 이유 없는 생물의 죽음 - 이것은 오락이 아니기 때문이다. 투우 관객들에게서는 잔인한 본능이 불러일으켜지고 고상한 감정들(동정심, 선량함, 자비심)은 억압된다. 깨어난 잔인함은 나중에 사람에게, 자기 자신에게, 자연에게로 향해질 수 있다.

당신은 투우에 대해 어떻게 생각합니까? 서커스에서 동물을 훈련하는 것, 동물원 우리에 동물들을 넣어 놓는 것에 대해서는 어떻게 생각합니까? 찬성합니까, 아니면 비난합니까?

пробужда́ть/пробуди́ть в ком что ~에게서 ~을(감정이나 감각) 불러일으키다

· Му́зыка пробужда́ет в нас высо́кие чу́вства.
  음악은 우리에게서 고상한 감정들을 불러일으킨다.
· Корри́да пробужда́ет в лю́дях жесто́кость.
  투우는 사람들 마음속에서 잔인함을 불러일으킨다.

Ра́ньше челове́к охо́тился ра́ди еды́, выжива́ния, а сейча́с – ра́ди о́тдыха и развлече́ния. Есть сторо́нники охо́ты, потому́ что она́ воспи́тывает сме́лость, к тому́ же э́то обще́ние с приро́дой, с соба́кой. А цивилизо́ванная охо́та на отде́льных пробле́мных, агресси́вных о́собей в популя́ции, кото́рые убива́ют люде́й, де́лают разруше́ния (э́то мо́гут быть слоны́, ти́гры, во́лки), да́же необходи́ма.

Проти́вники же охо́ты счита́ют, что, войдя́ в лес, охо́тник стано́вится ди́ким зве́рем. Появля́ется аза́рт: догна́ть и обяза́тельно уби́ть. Охо́та – это несправедли́во, потому́ что у челове́ка есть огнестре́льное ору́жие, кото́рого нет у живо́тных. Кро́ме того́, охо́тники ча́сто убива́ют живо́тных ре́дких и исчеза́ющих ви́дов ра́ди прода́жи, потому́ что э́то хотя́ и запрещённый, но при́быльный би́знес.

Вы́скажите своё мне́ние об э́том.

Что вы ду́маете о движе́нии па́ртии зелёных про́тив произво́дства и ноше́ния оде́жды из нату́ра́льной ко́жи или ме́ха?

9 사냥은 필요한 것인가? 사냥은 금지해야 하는가?

　예전에는 사람들이 음식과 생존을 위해서 사냥을 했지만, 지금은 휴식과 오락을 위해서 사냥을 한다. 사냥을 지지하는 사람들이 있는데 그 이유는 사냥이 용감성을 기르며, 그에 더해 사냥은 자연과의, 개와의 교류이기 때문이라는 것이다. 사람을 죽이고 파괴를 행하는, 집단 속의 문제성 많고 공격적인 개체들(코끼리, 호랑이, 늑대일 수도 있다)에 대한 문명화된 사냥은 필수적이기조차 하다.

　사냥을 반대하는 사람들은 숲에 들어가면 사냥꾼은 한 마리의 야수가 된다고 생각한다. 도박과 같은 흥분이 생겨난다: 쫓아가서 반드시 죽여야 한다. 사냥은 불평등하다, 왜냐하면 인간에게는 동물에게는 없는 총기가 있기 때문이다. 게다가 사냥꾼들은 종종 희귀하고 사라져가는 종의 동물들을 판매의 목적으로 죽이는데, 그 이유는 이것이 금지되어 있음에도 불구하고 이익이 남는 장사이기 때문이다.

　이에 대한 당신은 의견을 말해 보시오.

　천연 가죽 또는 모피로 만든 옷을 생산하고 입는 것에 반대하는 녹색당의 움직임에 대해 당신은 어떻게 생각합니까?

Познако́мьтесь с нау́чно дока́занными фа́ктами, кото́рые пока́зывают, в чём живо́тные и челове́к похо́жи, в чём ме́жду ни́ми разли́чия.

Челове́к и живо́тное похо́жи, потому́ что и челове́к, и живо́тное:
- име́ют схо́дные черты́ в анато́мии и физиоло́гии.
- име́ют схо́дные черты́ в поведе́нии: охра́на террито́рии, игра́, та́нец, воспита́ние пото́мства, неприя́тие «чужако́в» и агресси́вность.
- живу́т в соо́бществах, кото́рые име́ют иерархи́ческую структу́ру.
- испо́льзуют язы́к и сигна́лы, облада́ют па́мятью, сообрази́тельностью;
- проявля́ют эмо́ции, спосо́бны на дру́жбу, самопоже́ртвование;

Челове́к соверше́ннее живо́тного, потому́ что он:
- не сле́по подчиня́ется инсти́нктам, различа́ет добро́ и зло, облада́ет свобо́дой во́ли и спосо́бен приказа́ть себе́ любо́е поведе́ние;
- мо́жет предви́деть, в том числе́ нестанда́ртные ситуа́ции;
- спосо́бен восприни́ма́ть и анализи́ровать но́вое,

неизве́стное;

- спосо́бен изуча́ть самого́ себя́, соверше́нствоваться;
- благодаря́ языку́ созда́л культу́ру, иску́сство, у него́ есть исто́рия;
- уже́ проника́ет в Ко́смос, хотя́ он сравни́тельно молодо́й «вид» живо́го на Земле́;
- спосо́бен на раска́яние, стыд;

Челове́к ме́нее соверше́нен, чем живо́тное, потому́ что он:
- спосо́бен созна́тельно соверша́ть зло по отноше́нию к други́м лю́дям (оскорбля́ть, унижа́ть, обма́нывать, предава́ть, пыта́ть и т.д., зачасту́ю испы́тывая при э́том удово́льствие), а та́кже убива́ть себе́ подо́бных, в том числе́ организо́ванно (война́ ме́жду госуда́рствами);
- пани́чески бои́тся сме́рти (да́же когда́ нет опа́сности для жи́зни);
- мо́жет быть каннибалом;
- в отча́янии спосо́бен на самоуби́йство;
- уступа́ет мно́гим живо́тным в остроте́ зре́ния, обоня́ния и мно́гом друго́м.

Е́сли всё э́то приня́ть во внима́ние, как вы полага́ете, есть ли у челове́ка пра́во счита́ть себя́ *венцо́м Вселе́нной, верши́ной Творе́ния*? Е́сли нет, то когда́ у него́ поя́вится э́то пра́во?

어떤 점에서 인간과 동물이 비슷하며 어떤 점에서 차이가 존재하는지를 보여
주는 학술적으로 증명된 사실들을 익혀 보십시오.

인간과 동물은 유사하다, 왜냐하면 인간도 동물도:
- 해부학과 생리학적인 측면에서 유사한 특징들을 가지고 있다.
- 행동에서 유사한 특징들을 가지고 있다: 영역의 수호, 놀이, 춤, 후손 양육,
  낯선 자를 받아들이지 않는 것, 공격성.
- 위계질서적 구조를 가진 사회에서 산다.
- 언어와 신호를 사용하며, 기억력과 판단력을 가지고 있다.
- 감정을 드러내며, 우정과 자기 희생의 능력이 있다.

인간이 동물보다 더 완전하다, 왜냐하면 그는:
- 본능에 맹목적으로 복종하지 않으며, 선과 악을 구별하고, 의지의 자유를
  가지고 자신에게 어떠한 행위도 지시할 수 있다.
- 비표준적인 상황까지 포함해서 앞일을 예측할 수 있다.
- 새로운, 미지의 것을 받아들이고 분석할 수 있다.
- 자기 자신을 연구할 줄 알고, 자기 완성을 도모할 줄 안다.
- 언어 덕분에 문화와 예술을 창조했고, 역사를 가지고 있다.
- 지구에서 비교적 얼마 안 된 생물 종이지만 벌써 우주로 침투해 들어가고
  있다.
- 후회와 수치심을 가질 줄 안다.

인간이 동물보다 덜 완전하다, 왜냐하면 그는:

- 다른 사람에 대해서 의식적으로 악을 행할 수 있고(모욕하고 멸시하고 속이고 배신하고 괴롭히고 등등) 자신과 같은 존재들을 조직적인 방식으로(국가 간의 전쟁) 죽일 수도 있기 때문이다.
- 경악할 정도로 죽음을 두려워한다(심지어 생명에 위험이 없는 경우에도).
- 식인종이 될 수 있다.
- 절망 속에서 자살할 수 있다.
- 시각과 후각의 예민함과 그 외 다른 많은 측면에서 많은 동물들에 뒤진다.

이 모든 것을 고려해 본다면 인간이 자신을 '우주의 왕관', '창조물 중의 으뜸'이라고 생각할 권리가 있다고 봅니까? 그렇지 않다면, 언제 그에게 이런 권리가 생겨날까요?

1. подчиня́ться чему́ ~에 복종하다, ~에 따르다

- Лю́ди в о́бществе должны́ подчиня́ться зако́нам э́того о́бщества.
  사회 속의 인간은 그 사회의 법률에 따라야 한다.
- Лю́ди с хара́ктером ли́дера не лю́бят никому́ подчиня́ться.
  지도자적인 성격을 가진 사람들은 아무에게도 복종하고 싶어하지 않는다.

2. 가. кто спосо́бен на что́ ~을 할 수가 있다('가능성'의 의미로서 긍정정, 부정적 측면의 가능성을 모두 의미할 수 있다)

- Все зна́ют, что он спосо́бен на бескоры́стную по́мощь.
  그가 사심 없는 도움을 줄 수 있을 거라는 점을 모두가 압니다(긍정적).
- Челове́к в состоя́нии сильне́йшего стре́сса спосо́бен на гру́бость.
  엄청난 스트레스를 받는 상태에 있으면 인간은 거친 행동을 할 수 있다(부정적).
- Я не ве́рю, что он бро́сил семью́: он на э́то не спосо́бен.
  나는 그가 가족을 버렸다는 말을 못 믿는다: 그는 그렇게 할 수 있는 사람이 아니다(부정적).

나. кто спосо́бен к чему́ ~에 재능이 있다(긍정적인 측면에서 '재능', '능력'의 의미이다)

- У него́ че́тверо сынове́й, и ка́ждый облада́ет каки́м-то тала́нтом: оди́н спосо́бен к нау́кам, друго́й к рисова́нию, тре́тий к му́зыке, а четвёртый – к кулина́рии.
  그에게는 네 아들이 있는데 모두가 어떤 재능들을 보유하고 있다: 한 아들은 학문에, 다른 아들은 그림에, 셋째는 음악에, 그리고 넷째는 요리에 재능이 있다.

1. Я хотел бы быть таки́м, каки́м меня́ счита́ет моя́ соба́ка. (Януш Леон Вишне́вский).

2. Челове́к не царь в ми́ре живо́го, он лишь уника́льный среди́ таки́х же уника́льных.

3. Челове́к – са́мое агресси́вное «живо́тное» на плане́те Земля́.

1. Сын про́сит купи́ть ему́ соба́ку. Ма́ма – за. Про́тив – де́душка (нет
да́чи) и па́па (корм, аллерги́я, вы́гул).

  • вы́гул 방목

2. Вы с бра́тьями реша́ете, кого́ лу́чше держа́ть до́ма: ко́шку, соба́ку,
ры́бок, черепа́ху, пти́цу, кро́лика… С кем ме́ньше пробле́м,
кто лу́чше снима́ет стресс у челове́ка? Са́мый мла́дший брат
наста́ивает… на поросёнке.

  • держа́ть до́ма (в до́ме) живо́тных (ко́шку, соба́ку) 집에서 동물(고양이, 개)을
  기르다

3. Два бизнесме́на обсужда́ют: каки́е кафе́ с живо́тными откры́ть
для привлече́ния посети́телей – коша́чье, соба́чье, пти́чье кафе́?
И́ли покупа́ть экзоти́ческих живо́тных? Каки́е живы́е существа́
лу́чше умиротворя́ют и снима́ют стресс от городско́й суеты́?

4. Владе́льцы (хозя́ева) одно́й и той же поро́ды соба́к расска́зывают
друг дру́гу о хара́ктере свое́й соба́ки: «кло́ун», «тра́гик»,
«фило́соф», «поэ́т», «друг», «а́нгел», «нахле́бник»…

5. Вы спо́рите, как на́до воспи́тывать соба́ку. Муштрова́ть (бу́дет
зло́бной)? Ласка́ть (ся́дет на ше́ю хозя́ину, избалу́ется, ста́нет
непослу́шной)?

- муштрова́ть 엄하게 가르치다　• ласка́ть 다정하게 대하다
- сесть на ше́ю кому́ ~의 목에 걸터앉다(버릇이 없어지다)

6. Вы счита́ете, что увлече́ния ва́шего дру́га (тарака́ньи бега́, петуши́ный бой, ска́чки на ипподро́ме) – стра́нные, а он объясня́ет свою́ любо́вь к таки́м развлече́ниям тем, что э́то аза́ртно и интере́сно.

- Увлече́ние 오락, 취미　• тарака́ньи бега́ 바퀴벌레 달리기
- петуши́ный бой 닭 싸움　• ска́чки на ипподро́ме 경마

7. Вы дока́зываете подро́стку-сосе́ду, что всё живо́е – сокро́вище! А подро́сток из любопы́тства му́чает ко́шек, соба́к, насеко́мых и ба́бочек.

8. Мо́жно ли разлуча́ть щенка́ и его́ мать, продава́ть щенка́ без ма́тери?

- разлуча́ть/разлучи́ть щенка́ и мать 강아지와 엄마(엄마 강아지)를 헤어지게 만들다

9. Разгово́р о фи́льмах с пропага́ндой жесто́кости по отноше́нию к живо́тным или лю́дям (т.е. фи́льмах, в кото́рых есть сли́шком жесто́кие сце́ны наси́лия над живо́тными и́ли людьми́). *А*: Запрети́ть таки́е фильмы! Они́ увели́чивают тя́гу к наси́лию. *Б*: Таки́е фи́льмы – разря́дка, о́тдых, сня́тие стре́сса повседне́вной жи́зни… Запре́т таки́х фи́льмов – ущемле́ние свобо́ды!

- пропага́нда жесто́кости 잔인함을 적나라하게 보여주는 것
- увели́чивать/увели́чить тя́гу к наси́лию 폭력에 대한 동경을 커지게 만들다

- разря́дка (긴장된 일의 압박감을 해소키 위한) 기분 전환

- ущемле́ние свобо́ды 자유의 제한

10. Друзья́ не зна́ют, как сплани́ровать выходно́й день. Есть ра́зные предложе́ния. *А:* Похо́д в зоопа́рк, чтобы посмотре́ть на живо́тных. *Б:* Похо́д в рестора́н, засто́льная душе́вная бесе́да. *В:* Просмо́тр видеофи́льмов до́ма.

- похо́д в зоопа́рк (рестора́н) 동물원(레스토랑) 가기

11. Друзья́ на охо́те. *А:* На́до проси́ть проще́ния у поги́бшего живо́тного (как это де́лали лю́ди в дре́вности). *Б:* Это ли́шние «не́жности».

12. Ди́спут «Воспита́ние у дете́й доброты́». *А:* Нужны́ конта́кты с живо́й приро́дой. *Б:* Доброту́ воспита́ть невозмо́жно, это врождённое ка́чество. *В:* Гла́вное в воспита́нии доброты́ – по́мощь лю́дям.

- воспита́ние доброты́ 선량함을 육성하는 것

- врождённое ка́чество 타고난 자질

1. Челове́к и живо́тное.

2. Живо́тное в го́роде.

3. Интере́сные слу́чаи с живо́тными.

4. Моя́ люби́мая програ́мма (произведе́ние иску́сства) о живо́й приро́де.

5. Как я спас живо́тное.

6. Как живо́е существо́ спасло́ челове́ка.

7. В чём челове́к вы́ше, в чём ни́же живо́тных, в чём их схо́дство.

Дополнительный материал 보충 자료

Познако́мьтесь с ру́сскими посло́вицами о живо́тных. Скажи́те, кака́я вам бо́льше нра́вится и почему́.

동물에 대한 러시아 속담을 익혀보십시오. 어떤 것이 가장 마음에 들며 그 이유는 무엇입니까?

Русские пословицы 러시아 속담

- Посади́ свинью́ за стол – она́ и но́ги на стол.

  돼지를 식탁에 앉히면 식탁에 다리를 올려놓는다(러시아 문화에서 교양이 없이 무례한 사람을 '돼지'라고 칭하기도 하는데, 그러한 사람에게는 필요 이상의 대접이나 친절을 베풀 필요가 없다는 뜻).

- Что жи́во, то и хи́тро.

  살아 있는 모든 것은 영리하다(아무리 미천한 것일지라도 모든 생물은 자신의 살 길과 이익을 꾀한다는 의미).

- Коро́ва на дворе́ – харч на столе́.

  마당의 소는 식탁의 음식물이다(소에게서 나오는 우유, 치즈, 고기 등 소는 인간에게 많은 음식물을 공급해 준다는 의미. харч는 еда 혹은 продукты의 옛날 말).

- Ско́лько во́лка ни корми́, он всё в лес смо́трит.

  늑대는 아무리 먹여주어도 계속 숲만 쳐다본다.

- И медве́дя пляса́ть у́чат. 곰에게도 춤추는 것을 가르칠 수 있다(능력이 없는 사람도 계속 가르치면 결국에는 무언가를 하게 만들 수 있다는 의미).

- Ло́шадь челове́ку кры́лья. 말은 사람에게 날개이다.

- Конь о четырёх нога́х, да спотыка́ется.

  네 다리를 가진 말도 걸려 넘어질 수 있다(즉, 누구나 실수할 수 있다는 뜻).

재능은 땅 위의 귀중한 손님이다

Талант – дорогой гость на земле

Часто спо́рят: что тако́е тала́нт? Как его́ челове́к получа́ет? Он от Бо́га, т.е от приро́ды, от рожде́ния (врождённый тала́нт)? И́ли его́ мо́жно приобрести́ обуче́нием и трудолю́бием (приобретённый тала́нт)?

Вот четы́ре мне́ния. 1. От рожде́ния нетала́нтливых нет. Все одина́ково одарены́, потенциа́льно тала́нтливы. То́лько педаго́гам и роди́телям на́до уме́ть *увидеть и развить* тала́нт (тала́нты) у ка́ждого ребёнка. 2. От рожде́ния тала́нты и спосо́бности есть у всех, ра́зница то́лько в том, что у кого́-то большо́й тала́нт, а у кого́-то – сре́дний. 3. Уже́ от рожде́ния есть тала́нтливые и обы́чные, сре́дние лю́ди без вся́ких тала́нтов. Тала́нт мо́жет дать то́лько Бог, то есть приро́да, и никако́е обуче́ние и трудолю́бие не помо́жет его́ приобрести́. С тала́нтом мо́жно легко́ учи́ться, легко́ твори́ть: писа́ть му́зыку, стихи́, карти́ны, де́лать откры́тия и изобрете́ния. А е́сли от приро́ды нет тала́нта, то на учёбу ну́жно мно́го вре́мени (нужна́ зубрёжка!), да и результа́ты тво́рчества бу́дут не таки́ми высо́кими. 4. Е́сли челове́к психи́чески и физи́чески здоро́в, норма́лен, то да́же не име́я тала́нта от рожде́ния, он мо́жет его́ *приобрести* трудо́м. Наприме́р, е́сли он *очень* хо́чет занима́ться како́й-то де́ятельностью и *каждый день* мно́го часо́в занима́ется, он обяза́тельно добьётся таки́х же результа́тов, каки́х добива́ются тала́нтливые от рожде́ния лю́ди.

А как счита́ете вы? Каки́е приме́ры зна́ете?

재능이란 무엇인가에 대해서는 종종 논쟁이 있다. 인간은 그것을 어떻게 받는가? 그것은 신으로부터 받는 것, 즉, 자연적으로, 태어날 때부터 있는 것인가(선천적 재능)? 아니면 그것은 교육과 노력에 의해 획득할 수 있는 것인가(획득된 재능, 후천적 재능)?

네 가지의 의견이 있다. 1. 태어날 때부터 재능이 없는 사람은 없다. 모두가 똑같이 재능을 타고 났으며, 잠재적으로 재능이 있다. 단, 교육자와 부모들이 모든 아이들에게서 재능을 보고 발전시킬 줄 알아야 한다. 2. 태어날 때부터 재능과 능력은 모두에게 있는데, 그 차이는 누구에게는 큰 재능이 있고 누구에게는 중간 정도의 재능이 있다는 것뿐이다. 3. 이미 태어날 때부터, 재능이 있는 사람과 아무런 재능도 없는 평범한, 중간 정도의 사람들이 있다. 재능을 줄 수 있는 것은 오로지 신, 즉 자연이며, 어떠한 교육과 노력도 그것을 획득하는 것을 도울 수 없다. 재능을 가지면 배우는 것이 쉽고 창조하는 것 – 작곡, 시 쓰기, 그림 그리기, 발견, 발명 – 이 쉽다. 그런데 천성적으로 재능이 없다면 학업에 많은 시간이 필요하고(무턱대고 암기하는 것도 필요하다!) 창조의 결과물들 역시 그리 높은 수준이 아닐 것이다. 4. 사람이 심리적, 육체적으로 건강하고 정상적이라면, 재능을 선천적으로는 가지고 있지 않아도 노력에 의해 그것을 얻을 수 있다. 예를 들어 그가 매우 어떤 활동을 하고 싶어하고 매일 많은 시간 동안 공부를 한다면, 그는 날 때부터 재능이 있는 사람들이 달성하는 것과 똑같은 결과를 반드시 달성하게 될 것이다.

당신은 어떻게 생각합니까? 어떤 예들을 압니까?

1. приобрета́ть/приобрести́ что ~을 얻다, 획득하다(일정 정도의 노력을 기

울여서 무언가를 얻은 경우, 또는 구입해서 소유하게 된 경우. о́пыт, друзе́й, популя́рность, авторите́т, уве́ренность в себе́ 등등과 결합할 수 있다)

> · Во вре́мя пребыва́ния в Пари́же она́ приобрела́ мно́го хоро́ших друзе́й.
>
> 파리에 체류하는 동안 그녀는 많은 좋은 친구들을 얻었다.
>
> · Гига́нт поиско́вой систе́мы Google приобрёл недви́жимость в
>
> знамени́том Пало-Альто.
>
> 검색 시스템의 거인 구글이 유명한 팔로-알토에 부동산을 획득했다(구입의 의미).

2. добива́ться/доби́ться чего́ ~을 얻다, ~을 성취하다(많은 노력을 기울여 무

엇인가를 얻거나 성취해낸 경우. 주로 согла́сия, призна́ния, разреше́ния, уваже́ния, успе́ха, це́ли 등등의 추상 명사와 자주 결합되어 쓰인다)

> · Ка́ждый хо́чет доби́ться успе́ха в своём де́ле.
>
> 모든 사람은 자신의 일에서 성공을 거두기를(성공하기를) 원한다.
>
> · Как доби́ться разреше́ния на рабо́ту в Росси́и иностра́нцам?
>
> 외국인들은 어떻게 하면 러시아에서 일할 수 있는 허가를 얻을 수 있습니까?

Таланты такие разные...

Есть мно́го ра́зных тала́нтов. Дви́гательный (спорт, та́нцы). Интеллектуа́льный (хоро́шая па́мять, ло́гика). Практи́ческие, бытовы́е тала́нты: гото́вить, стро́ить, шить и т.д. Организа́торский тала́нт, дово́льно ре́дкий (уме́ние организова́ть рабо́ту большо́го коли́чества люде́й). А оди́н из самых ре́дких тала́нтов – креати́вность, спосо́бность к тво́рчеству, т.е. спосо́бность де́лать откры́тия, создава́ть что-то принципиа́льно но́вое.

А вы встреча́ли люде́й с ра́зными ти́пами тала́нтов?

Кто для вас идеа́л? В чём этот челове́к тала́нтлив?

---

2 재능은 아주 다양하다

많은 다양한 재능들이 있다. 운동의 재능(스포츠, 춤). 지적 재능(훌륭한 기억력, 논리). 실제적이고 일상적인 재능: 요리하기, 건축하기, 바느질하기 등등. 상당히 드물게 존재하는 조직의 재능(대단히 많은 사람들의 업무를 구성할 줄 아는 능력). 그런데 가장 드물게 존재하는 재능 중 하나가 창의성, 즉 발견을 하거나 근본적으로 새로운 무언가를 만들어낼 수 있는 창조의 능력이다.

당신은 다양한 타입의 재능을 가진 사람들을 만나 본 적이 있습니까?

당신에게는 누가 이상입니까? 그 사람은 어떤 점에서 재능이 있습니까?

Есть лю́ди, кото́рые выбира́ют таку́ю рабо́ту, где постоя́нно прису́тствует риск: сапёры, журнали́сты, спортсме́ны. Э́то своеобра́зный дар – люби́ть риск. Осо́бо риско́ванным счита́ется заня́тие поли́тикой. Не́которые критику́ют поли́тиков, потому́ что счита́ют, что э́ту де́ятельность выбира́ют лю́ди, кото́рые не хотя́т рабо́тать (на фе́рме, на заво́де и т.д.), но хотя́т име́ть до́ступ ко всем бла́гам о́бщества. Други́е восхища́ются и́ми: поли́тика – де́ло опа́сное, риско́ванное, но о́чень ну́жное, потому́ что ина́че в о́бществе не бу́дет поря́дка.

А что ду́маете вы о полити́ческом тала́нте?

И о други́х заня́тиях, свя́занных с ри́ском: обезвре́живание взрывны́х устро́йств, журнали́стика, рабо́та полице́йского, разве́дчика, охо́та на ди́ких живо́тных, корри́да и т.д.?

Вам нра́вится де́ятельность, свя́занная с ри́ском?

특별한 재능으로서 위험을 좋아하는 것(위험을 좋아하는 것도 특별한 재능)

위험이 상존하는 일을 선택하는 사람들이 있다. 공병대원들, 기자들, 스포츠 선수들. 위험을 좋아하는 것, 이것은 독특한 재능이다. 특별히 위험한 일로 간주되는 것이 정치의 일이다. 어떤 사람들은 정치인들을 비판하는데, 그 이유는 일하기는(농장이나 공장 등등에서) 원치 않지만 사회의 모든 복지에는 접근하고 싶어하는 사람들이 이 활동을 택한다고 생각하기 때문이다. 다른 사람들은 그들에게 매혹된다: 정치는 위험하지만 매우 필요한 일인데, 그 이유는 그렇지 않다면 사회에는 질서가 존재하지 않을 것이기 때문이다.

정치적 재능에 대해 당신은 어떻게 생각합니까?

그리고 위험과 관련된 다른 일들에 대해서는 어떻게 생각합니까?: 폭발 설비의 위험 제거, 저널 활동, 경찰관 업무, 정찰병 업무, 야생동물 사냥, 투우 등등.

위험과 관련된 활동은 당신 마음에 듭니까?

Ра́зные спосо́бности проявля́ются в ра́зное вре́мя. Очень ра́но обнару́живаются спосо́бности к ша́хматам, матема́тике, иску́сству. Гора́здо по́зже – к поли́тике и нау́кам (хи́мии, фи́зике, исто́рии, филосо́фии). С са́мого рожде́ния ребёнка его́ бли́зкие и учителя́ с интере́сом наблюда́ют, каки́е тала́нты у него́ проя́вятся. Е́сли есть выдаю́щиеся спосо́бности (о́чень бы́строе овладе́ние ре́чью, счёт в уме́, худо́жественные тала́нты и т.д.), все восхища́ются: вундерки́нд! Но ча́сто пото́м ока́зывается, что среди́ вундерки́ндов стано́вятся выдаю́щимися людьми́ далеко́ не все. Зато́ де́ти, кото́рые развива́ются, как все други́е, пото́м ча́сто вырыва́ются вперёд, опережа́я тех, кто в де́тстве был вундерки́ндом.

Расскажи́те, что вы зна́ете об э́той пробле́ме.

다양한 능력들이 서로 다른 시기에 드러난다. 매우 일찍 드러나는 것들은 체스, 수학, 예술의 재능이다. 훨씬 더 늦게 드러나는 것들이 정치의 재능과 학문(화학, 물리학, 역사학, 철학)의 재능이다. 아이가 태어날 때부터 가까운 이들과 선생님들은 그에게서 어떤 재능들이 나타나게 될지를 흥미롭게 지켜본다. 뛰어난 능력들(매우 빠른 언어 습득, 암산 능력, 예술적 능력 등등)이 있는 경우에 모두는 환호하게 된다: 신동이다! 하지만 그 후에 종종 판명되는 것은 신동들 중에서 모두가 뛰어난 사람이 되는 것은 절대 아니라는 사실이다. 그 대신, 여느 다른 아이들처럼 발전해가는 아이들이 나중에는 어릴 때 신동이었던 이들을 추월하면서 종종 앞으로 튀어나간다.

이 문제에 대해 당신은 어떤 것을 알고 있는지 말해 보십시오.

주요 구문과 표현

드러남, 출현, 보임 등과 관련된 세 가지 동사의 쓰임을 구별해 보자.

가. **проявля́ться-прояви́ться** 내적 특성이나 속성이 실제로 느껴질 만큼 밖으로 드러난다는 의미.

· Не́которые спосо́бности и тала́нты проявля́ются уже́ в де́тстве.
  어떤 능력이나 재능은 이미 어린 시절부터 드러나기도 한다.

나. **появля́ться-появи́ться** 어떤 구체적인 모습이 출현한다는 의미

· В на́ши дни появля́ется всё бо́льше и бо́льше но́вых ви́дов те́хники.
  오늘날 점점 더 많은 종류의 새로운 기술들이 출현하고 있다.

다. **пока́зываться-показа́ться** 어떤 구체적 모습이 '보이기 시작'한다는 의미

· На вече́рнем не́бе показа́лись звёзды. 저녁 하늘에 별들이 보이기 시작했다.

Часто можно услы́шать, что тала́нт – гара́нтия успе́ха, с тала́нтом легко́ проби́ть себе́ доро́гу и найти́ своё ме́сто в жи́зни. Но жизнь пока́зывает, что судьба́ тала́нта зави́сит от того́, как челове́к рабо́тает над собо́й, рабо́тает над разви́тием своего́ тала́нта. Лу́чше всего́, е́сли челове́к испо́льзует *всё своё вре́мя* для разви́тия тала́нта: так де́лают лю́ди, не ду́мающие о прести́же, по́лностью отдаю́щие себя́ де́лу. Ху́же всего́, е́сли тала́нтливый от приро́ды челове́к безво́лен и лени́в: неизбе́жное сле́дствие – по́лная поте́ря тала́нта, да́же е́сли тала́нт был о́чень большо́й.

Вы зна́ете таки́е слу́чаи? Как вы са́ми развива́ете свои́ тала́нты? Как собира́етесь боро́ться с ле́нью, е́сли она́ у вас поя́вится?

Как вы ду́маете: в достиже́нии успе́ха счастли́вый слу́чай, покрови́тельство, по́мощь (деньга́ми, сове́тами, свя́зями) игра́ют каку́ю-то роль и́ли нет? От кого́ вы са́ми ждёте по́мощи? На како́й счастли́вый слу́чай наде́етесь?

재능은 성공을 보장하며, 재능이 있으면 자신의 길을 헤쳐나가 인생에서 자신의 자리를 발견하는 것이 쉽다는 말을 종종 들을 수 있다. 그러나 삶이 보여주는 것은, 재능의 운명은 인간이 자신을 어떻게 갈고 닦아 자신의 재능의 발전을 위해 노력하는지에 달려 있다는 사실이다. 인간이 자신의 모든 시간을 재능의 발전을 위해 사용한다면 무엇보다도 좋다: 권위에 대해 생각지 않고 자신을 완전히 일에 바치는 사람들은 그렇게 한다. 무엇보다도 나쁜 것은 선천적으로 재능이 있는 사람이 의지력이 없고 게으른 경우이다: 피할 수 없는 결과는 재능이 대단했다 할지라도 그것을 완전히 잃게 되는 것이다.

당신은 이러한 경우들을 알고 있습니까? 당신은 자신의 재능을 어떻게 발전시키고 있습니까? 나태함이 나타난다면 그것과 어떻게 싸울 작정입니까?

성공을 성취하는데 있어 운 좋은 경우, 보호, 도움(돈으로, 충고로, 인간관계로)이 어떤 역할을 한다고 혹은 하지 않는다고 보십니까? 당신 자신은 누구로부터 도움을 기다리고 있습니까? 어떤 운 좋은 경우를 바라고 있습니까?

О́чень большо́й тала́нт, ге́ний – ре́дкий гость на Земле́, его́ поте́ря – невосполни́мая утра́та для всего́ челове́чества. Заме́чено, что есть фа́ктор, кото́рый (поми́мо трудолю́бия) помога́ет тала́нту развива́ться: э́то востре́бованность тала́нта в о́бществе.

Ва́ше мне́ние: как о́бщество должно́ бере́чь тала́нты? Быть терпели́вым к тала́нтливым де́тям и взро́слым (да́же е́сли у них мно́го стра́нностей)? Создава́ть им хоро́шие усло́вия для рабо́ты? В каки́х усло́виях тала́нт лу́чше развива́ется?

6 사회에는 재능 있는 사람들이 필요한가?

매우 재능 있는 사람, 천재는 지상에 드물게 찾아오는 손님이기에 그를 잃는 것은 모든 인류에게 보상될 수 없는 손실이다. 재능이 발전되도록 돕는 요소(근면 이외에)가 있다는 것이 관찰되었다: 이것은 재능에 대한 사회의 요구이다.

사회는 어떻게 재능을 보호해야 하는가, 당신의 의견은? 재능이 있는 아이들과 성인들에 대해 참을성을 가지고 대하는 것인가?(그들에게 이상한 점이 많더라도) 그들에게 일을 위한 좋은 환경을 조성해 주는 것인가? 어떤 환경에서 재능은 더 잘 발전할 수 있을까?

보호, 보존 등과 관련되는 다음 세 가지 동사들의 쓰임을 구별하여 알아 두자.

가. **бере́чь/сбере́чь** 아끼다, 소중히 여기다, 보호하다, 저축하다(필요한 것 이상을 쓰지 않음으로써 손실, 손상되지 않도록 보호한다는 의미)

· Челове́чество должно́ бере́чь приро́дные ресу́рсы – пре́сную во́ду, лес и так да́лее, а та́кже челове́ческие ресу́рсы, осо́бенно тала́нтливых люде́й.
인류는 천연 자원인 담수, 숲 등등을 보호해야 함은 물론이고 인간 자원, 특히 재능이 있는 사람들도 아껴야 한다.

이 단어의 의미는 일반적인 스타일의 **эконо́мить**와 유사하다.

· До́ма на́ша семья́ стара́ется эконо́мить во́ду.
집에서 우리 가족은 물을 아껴 쓰려고 노력한다.

나. **защища́ть/защити́ть** 보호하다, 방어하다(부정적인 것, 예를 들어 적, 오염 등으로부터 방어한다는 의미)

· Поли́ция рабо́тает, что́бы защити́ть о́бщество от наруши́телей зако́на.
경찰은 법을 위반하는 자들로부터 사회를 보호하기 위해 일한다.

다. **сохраня́ть/сохрани́ть** 보존하다, 보전하다, 유지하다(원형 그대로 보존한다는 의미. та́йну, здоро́вье, дру́жбу, мир, приро́ду, проду́кты, фо́рму 등등 추상적이거나 구체적인 다양한 목적어와 결합할 수 있다)

· Мы должны́ де́лать всё возмо́жное, что́бы сохрани́ть мир.
우리는 평화를 유지하기 위해서 가능한 모든 일을 다 해야 합니다.

· Как сохрани́ть да́нные при сме́не моби́льного телефо́на?
휴대폰 바꿀 때 자료는 어떻게 보존해야 합니까?

Шко́льные и университе́тские мето́дики во всём ми́ре о́чень ра́зные: каки́е-то из них мо́гут разви́ть тала́нты, а каки́е-то мо́гут тала́нты погуби́ть. В одни́х стра́нах програ́ммы предме́тов уче́бных заведе́ний име́ют то́лько одну́ цель – усвое́ние уже́ изве́стных зна́ний. Там от ученико́в тре́буют ка́чества и исполни́тельности. В результа́те в э́тих стра́нах откры́тий ме́ньше. А в други́х стра́нах гла́вное в обуче́нии – разви́тие тво́рческих спосо́бностей, поэ́тому откры́тий в таки́х стра́нах бо́льше. Воспи́тывая ребёнка, ему́ предоставля́ют вы́бор: чем хо́чешь заня́ться, как бу́дешь реша́ть зада́чу, как мо́жно посмотре́ть на вопро́с с друго́й стороны́ и т.д. При э́том стара́ются постоя́нно хвали́ть ма́ленького челове́ка: так у него́ повыша́ется самооце́нка, выраба́тывается сме́лость.

Как вы ду́маете, како́й культ – культ тво́рчества или культ ка́чества – нужне́е о́бществу? И́ли одина́ково ну́жно и то, и друго́е?

초중등학교와 대학에서의 교수법은 전세계적으로 매우 다양하다: 그것들 중 어떤 교수법은 재능을 발전시킬 수 있고 어떤 것은 죽일 수 있다. 어떤 나라들에서는 교육 기관의 과목 프로그램이 오직 한 가지 목표 – 이미 알려진 지식을 익히는 것 – 만을 가지고 있다. 그러한 곳에서 학생들에게 요구되는 것은 (학습의) 질과 수행 충실성이다. 그 결과로 이 나라들에서는 발견이라는 것이 더 적다. 그런데 다른 나라들에서는 교육에서 중요한 것이 창조적 능력의 개발이고, 그로 인해 그 나라들에서는 발견이 더 많다. 아이를 교육하면서 그에게는 선택권이 주어진다: 무엇을 공부하고 싶은지, 과제를 어떻게 해결할지, 문제를 다른 측면에서 어떻게 관찰해볼 수 있을지 등등. 이때 사람들은 이 작은 사람을 항상 칭찬하도록 노력한다: 이렇게 해서 그의 자신에 대한 평가는 높아지며 용감성이 만들어진다.

창조의 숭배 혹은 질의 숭배 중에서 사회에 더 필요한 것은 무엇이라고 생각합니까? 혹은 둘 다 똑같이 필요합니까?

тре́бовать/потре́бовать чего от кого ~로부터(사람) ~을 요구하다(목적

어로는 대개 отве́та, объясне́ний, уси́лий, извине́ния 등등 추상 명사의 생격 형태가 온다는

점에 주의해야 한다)

- Роди́тели тре́буют от дете́й послуша́ния.

  부모들은 자식들로부터 순종을 요구한다.

- Люба́я рабо́та тре́бует от челове́ка уси́лий и напряже́ния.

  어떤 일이든 사람에게 노력과 긴장을 요구한다.

Одни́ увéрены, что тала́нты и гéнии рожда́ются то́лько в культу́рной, образо́ванной средé, и нерéдко тала́нт и спосо́бности передаю́тся по насле́дству. Но человéчество убеди́лось на мно́гих примéрах, что гора́здо ча́ще гéний, тала́нт неожи́данно и непредсказу́емо рожда́ется в просто́й семьé, где роди́тели не занима́ются тво́рчеством. Поэ́тому и говоря́т, что гéний прихо́дит ниотку́да. Есть и друга́я зага́дка: куда́ ухо́дит гениа́льность в слéдующем поколéнии? Дéти тала́нтливых людéй ча́сто совсéм заура́дны.

Расскажи́те о слу́чаях рождéния гéния, тала́нта в просто́й средé.

어떤 사람들은 재능 있는 사람들과 천재들은 교양 있고 교육받은 환경에서만 태어나며 재능과 능력이 유전되는 일이 종종 있다고 확신한다. 하지만 인류는 많은 예들을 통해서 천재와 재능 있는 자가, 부모가 창조적인 일을 하지 않는 평범한 가정에서 갑자기 예기치 않게 태어나는 일이 훨씬 더 자주 있다는 사실을 확신하게 되었다. 그래서 천재가 오는 곳은 정해져 있지 않다고 말들을 한다. 다른 수수께끼도 있다: 천재성은 다음 세대에서는 어디로 떠나가는가? 재능 있는 사람들의 자식들이 아주 평범한 경우가 종종 있다.

천재와 재능 있는 자들이 평범한 환경에서 태어난 경우들에 대해 이야기해 보십시오.

Нали́чию у челове́ка тала́нта зави́дуют мно́гие, но ма́ло кто зави́дует судьбе́ тала́нтливых люде́й: тала́нтливый челове́к сосредото́чен на своём де́ле, всё вре́мя в напряже́нии и рабо́те, он не живёт полноце́нно, не отдыха́ет. Не ре́дкость, что ге́нии и тала́нты умира́ют в одино́честве, все́ми забы́тые, больны́е и ни́щие. Поэ́тому мо́жно встре́тить тако́е мне́ние, что лу́чше быть са́мым-са́мым обыкнове́нным, обыкнове́ннейшим челове́ком, не име́ть вообще́ никако́го тала́нта, но жить обы́чной жи́знью, име́ть свобо́дное вре́мя для обще́ния, развлече́ний.

А вы что бы вы́брали: име́ть тала́нт или не име́ть никако́го тала́нта?

사람에게 재능이 존재하는 것을 부러워하는 사람은 많지만 재능 있는 자들의 운명을 부러워하는 사람은 적다: 재능 있는 자들은 자신의 일에 집중해 있고, 항상 긴장과 일 속에 있으며, 표준적으로 살지 못하고 휴식도 취하지 못한다. 천재들과 재능 있는 자들이 모두에게서 잊혀져 고독 속에서 병들고 극빈의 상태로 죽는 것이 드문 일은 아니다. 그래서 가장-가장 평범한, 극히 평범한 사람이 되고 전혀 아무런 재능도 가지지 않는 것, 하지만 평범한 삶을 살면서(인간 간의) 교류와 오락을 위한 자유로운 시간을 가지는 것이 더 낫다는 의견을 만날 수 있다.

당신은 무엇을 택하겠습니까? 재능을 가지는 것, 아니면 아무 재능도 가지지 않는 것?

주요 구문과 표현

кто сосредото́чен на чём ~가 ~에 집중해 있다

· Сейча́с он по́лностью сосредото́чен на свое́й рабо́те и не обраща́ет никако́го внима́ния на други́е дела́.

지금 그는 자신의 일에 완전히 집중해 있기 때문에 다른 일에는 전혀 관심을 두지 않고 있다.

О тех, кто сам себя счита́ет больши́м тала́нтом и откры́то горди́тся собо́й, счита́ет себя́ звездо́й, исключи́тельным челове́ком, кото́рый вы́ше всех, говоря́т, что он *заболе́л звёздной боле́знью*. Большинству́ люде́й она́ неприя́тна. Но есть и те, кто смо́трит на э́то по-друго́му: звёздная боле́знь не о́чень опа́сна, гора́здо опа́снее счита́ть себя́ посре́дственностью, потому́ что э́то парализу́ет во́лю и не приведёт к успе́ху.

Что вы ду́маете об э́том? Чего́ и как на́до избега́ть – счита́ть себя́ звездо́й и́ли счита́ть себя́ посре́дственностью?

스스로 자신이 대단히 재능 있는 사람이라고 생각하고 공개적으로 자부심을 드러내며 자신을 모든 사람들 위에 있는 별이며 예외적인 사람이라고 생각하는 사람들에 대해서는 그가 스타병(=왕자병)에 걸렸다는 말을 한다. 대다수 사람들에게 이 병은 불쾌한 것이다. 하지만 이것을 다른 식으로 보는 사람들도 있다: 스타병은 그리 위험하지 않다는 것이다. 훨씬 더 위험한 것은 자신을 평범한 사람으로 생각하는 것인데, 그 이유는 그것이 의지를 마비시키고 성공으로 이끌지 못하기 때문이다.

당신은 이점에 대해 어떻게 생각합니까? 무엇을 어떻게 피해야 할까요? 자신을 스타로 생각하는 것 혹은 평범한 사람으로 생각하는 것?

주요 구문과 표현

избега́ть/избежа́ть чего́(또는 동사원형) ~을(~하는 것을) 피하다

· На́до избега́ть ссо́р с друзья́ми: дру́жбу легко́ потеря́ть и тру́дно найти́.
친구들과의 말다툼은 피해야 한다: 우정은 쉽게 잃을 수 있고 찾기는 힘든 것이다.

· Поли́ция попро́сила гра́ждан избега́ть но́чью гуля́ть по тёмным у́лицам. 경찰은 시민들에게 밤에 어두운 거리를 다니는 것을 피해 달라고 요청했다.

Если мы лю́бим тво́рчество како́го-то тала́нтливого челове́ка, то нам всегда́ интере́сно: а како́й он челове́к? Како́й у него́ хара́ктер в жи́зни, в быту́? Он столь же интере́сная ли́чность, сколь интере́сно его́ тво́рчество? Со́вестлив он и́ли амора́лен? Высокоме́рен и́ли прост в обще́нии? Добр и́ли эгоисти́чен и жесто́к? Сто́ит с ним знако́миться, обща́ться, дружи́ть?

Каки́е вы зна́ете приме́ры: тала́нт с хара́ктером а́нгела, тала́нт с са́мым обыкнове́нным хара́ктером, тала́нт с хара́ктером злоде́я? Как быва́ет ча́ще? Вы согла́сны, что тала́нтливому челове́ку мо́жно прости́ть всё, да́же амора́льное поведе́ние? И́ли мо́жно прости́ть мно́гое, но далеко́ не всё?

우리가 어떤 재능 있는 사람의 창조물을 좋아하게 되면 우리에게 항상 궁금한 것이 있다: 그런데 이 사람은 어떤 사람일까? 그는 삶과 일상에서 어떤 성격을 가지고 있을까? 그의 창조물이 흥미로운 만큼 그 역시도 흥미로운 개성을 가진 사람일까? 그는 양심적일까 아니면 부도덕할까? 거만할까 아니면 사람들과 순박하게 잘 어울릴까? 선량할까 아니면 이기적이고 잔인할까? 그와 알고 지내며 교류를 하고 우정을 쌓는 것이 가치 있는 일일까?

당신은 어떤 예들을 알고 있습니까?: 천사 같은 성격을 가진 재능 있는 사람, 가장 평범한 성격을 가진 재능 있는 사람, 악당 같은 성격의 재능 있는 사람? 재능 있는 사람에게는 심지어 부도덕한 행동이라 하더라도 모든 것을 용서해 줄 수 있다는 말에 동의합니까? 아니면 많은 것을 용서해 줄 수는 있지만 모든 것을 용서해 줄 수 있는 것은 결코 아닙니까?

прощáть/прости́ть когó(что) 또는 комý что　~를 용서하다, ~에게(사람) ~를 용서하다(후자의 경우 우리말 상으로는 '~의 ~를 용서하다'라는 의미가 자연스럽지만 러시아어 구조는 '여격+대격'으로 이어지는 것을 주의해야 한다)

· Влюблённые прощáют друг дрýгу всё, а лю́ди, котóрые ненави́дят друг дрýга, не прощáют друг дрýгу ничегó.

사랑에 빠진 이들은 서로에게(서로의) 모든 것을 용서하지만, 증오하는 사람들은 서로에게 (서로의) 아무 것도 용서하지 못한다.

· Мать лю́бит ребёнка безуслóвно. Онá прощáет емý дáже плохóе поведéние.

어머니는 아이를 무조건적으로 사랑한다. 그녀는 심지어 그에게(그의) 나쁜 행동도 용서한다.

---

1. Талант – это поручение от Господа Бога, которое нужно выполнить.

2. Учёный - это поэт, но влюблённый не в чувства, а в смысл.

3. Гении – это жертвы, потому что нет свободного времени на жизнь.

4. Неудача может быть и случайностью, а успех – всегда заслуга, всегда труд.

5. Чем больше творчества, тем легче и интереснее любое дело, тем меньше оно утомляет.

6. Когда русского учёного-химика Менделеева называли гением, он отвечал: «Всю жизнь работал, вот и стал гением».

1. Мо́гут ли роди́тели са́ми определи́ть, тала́нтливы их де́ти или нет? На́до ли консульти́роваться по э́тому вопро́су с профессиона́лами?

  • консульти́роваться/проконсульти́роваться с кем по како́му вопро́су

  ~한 문제로 ~와 상담하다

2. *А*: Перегружа́ть ребёнка нельзя́. *Б*: Ребёнок мо́жет ходи́ть в три шко́лы одновреме́нно.

  • перегружа́ть/перегрузи́ть кого ~에게 지나치게 일을 시키다

3. *А*: Люби́ть сла́ву – э́то некраси́во. Тем бо́лее, что сла́ва – э́то одино́чество. *Б*: Наоборо́т. На́до быть смеле́е и люби́ть сла́ву.

4. Оди́н писа́тель публику́ет все черновики́ и пи́шет о себе́ кни́гу, а друго́й уничтожа́ет свои́ черновики́ и счита́ет, что кни́ги о себе́ писа́ть сты́дно.

5. *А*: Ра́ди больши́х гонора́ров на́до писа́ть то, что зака́зывает власть или пу́блика. *Б*: Кто оди́н раз напи́шет «на зака́з», пото́м не смо́жет писа́ть от души́.

6. *А*: Реша́ть головоло́мки, разга́дывать кроссво́рды – пуста́я тра́та вре́мени. *Б*: Э́то разви́тие интелле́кта: трениро́вка па́мяти,

мышле́ния, сообрази́тельности.

7. *А*: Кто пло́хо у́чится, бу́дет хорошо́ рабо́тать – так ча́сто быва́ет, как ни стра́нно. *Б*: Кто хорошо́ у́чится, тот и рабо́тать бу́дет хорошо́: он вы́работал во́лю, разви́л свои́ тала́нты.

8. Гото́вится шко́льная олимпиа́да. Как соста́вить вопро́сы, что́бы вы́явить зна́ющих дете́й? А как вы́явить тво́рческих, креати́вных дете́й?

　　• выявля́ть/вы́явить зна́ющих дете́й 지식이 많은 아이들을 밝혀내다

9. Поэт и арти́ст дока́зывают друг дру́гу, почему́ и́менно их тво́рчество (стихи́, сце́на) – са́мая ва́жная ми́ссия на земле́.

10. Покло́нники поп-му́зыки реша́ют, на́до ли идти́ на конце́рт, е́сли вме́сто живо́го пе́ния – фоногра́мма (*фане́ра*), а вме́сто инструме́нтов – муляжи́ (*расчёски*), потому́ что музыка́нты берегу́т го́лос?

　　• фоногра́мма (또는 фане́ра) 녹음된 레코드 (=립싱크)

　　• муля́ж (또는 расчёска) (연주 테이프를 튼 채) 악기 연주 흉내만 내는 것

11. *А*: На́до дружи́ть то́лько с людьми́ тво́рческих профе́ссий – писа́телями, режиссёрами, певца́ми. *Б*: Тво́рческий челове́к в быту́ мо́жет быть совсе́м не интере́сной и да́же неприя́тной ли́чностью.

12. *А*: Я хочу́ сочиня́ть о́перы, рома́нсы, бале́ты, симфо́нии. *Б*: На́до писа́ть *попсу́-* для наро́да! Это реа́льная при́быль. Иога́нн Себастья́н Бах то́же для просто́го наро́да писа́л.

    • попса́ 대중 음악(구어체 단어)

13. Же́нщина 27 лет хо́чет роди́ть ребёнка от мужчи́ны 38 лет или ста́рше: она́ чита́ла, что осо́бенно ча́сто тала́нты и ге́нии рожда́ются, когда́ отцу́ – о́коло 38, ма́тери – 27, то есть мно́гие ге́нии име́ли отцо́в зре́лого во́зраста. Врач отгова́ривает её: в э́том слу́чае мо́жет роди́ться и неполноце́нный ребёнок.

    • зре́лый во́зраст 성숙한 연령

    • неполноце́нный ребёнок 표준적이지 않은 아이

14. Диску́ссия «Тала́нт – прия́тная ми́ссия или тя́жкий крест»?

15. Молоды́е худо́жники из бе́дных семе́й спо́рят: ну́жно ли ра́ди того́, что́бы позна́ть мирову́ю сла́ву, просла́вить своё и́мя и стать челове́ком с мировы́м и́менем, идти́ на лише́ния, жить в го́лоде и хо́лоде? Не лу́чше ли научи́ться ремеслу́ со стаби́льным дохо́дом?

    • просла́вить своё и́мя 이름을 날리다, 유명해지다

    • идти́ на лише́ния 궁핍해지다

    • стаби́льный дохо́д 안정적인 수입

16. Сын мечта́ет стать звездо́й. Оте́ц расска́зывает об оборо́тной стороне́ тако́й жи́зни: бе́шеный темп жи́зни (жизнь-го́нка),

нечелове́ческие нагру́зки. Свою́ эмоциона́льную опустошённость не́которые звёзды глу́шат нарко́тиками: прожига́ют жизнь.

17. Что ча́ще гу́бит тала́нт? Во́йны? Эпиде́мии? Бе́дность? Лень? Нену́жность тала́нта о́бществу?

Пишем сочинение   다음의 주제들을 가지고 글쓰기를 해봅시다

1. Как развива́ть свои́ тала́нты и тала́нты свои́х дете́й.

2. Ге́нии умира́ют молоды́ми.

3. Тала́нт и ли́чность.

4. Кто испыта́л наслажде́ние тво́рчеством, для того́ други́е наслажде́ния не так интере́сны.

5. Тала́нт, хара́ктер и во́ля не зави́сят от обстоя́тельств.

6. Снача́ла реализу́й, раскро́й свой тала́нт, то́лько пото́м умира́й.

Дополнительный материал 보충 자료

Познако́мьтесь с ру́сскими посло́вицами о тала́нте. Скажи́те, кака́я вам бо́льше нра́вится и почему́.

재능에 대한 러시아 속담을 익혀보십시오. 어떤 것이 가장 마음에 들며 그 이유는 무엇입니까?

Русские пословицы 러시아 속담

- **Нет тала́ну – не пришьёшь к сарафа́ну.**

  재능이 없으면 싸라판도 꿰매지 못한다(тала́ну는 тала́нта의 옛날식 표현).

- **Тала́нт не ку́пишь.** 재능은 살 수 없다.

- **Кра́ткость – сестра́ тала́нта**

  간략함은 재능의 누이다(재능이 있는 사람은 어떤 내용을 짧으면서도 명확하게 쓰거나

  말할 수 있다는 뜻).

- **Да́же у дурака́ мо́жет быть како́й-нибудь тала́нт.**

  바보에게도 한 가지 재능은 있다.

- **Тала́нт добыва́ют трудо́м.** 재능은 노력에 의해서 성취된다.

- **Е́сли у тебя́ есть тала́нт, не бо́йся, что сейча́с не везёт.**

  재능이 있다면 지금 운이 없는 것을 두려워하지 말아라.

- **Не печа́лься, что у тебя́ нет чи́на, а печа́лься, что у тебя́ нет**

  тала́нта.

  관등이 없는 것을 슬퍼 말고 재능이 없는 것을 슬퍼하라.

- **Вели́кие тала́нты зре́ют ме́дленно.**

  위대한 재능은 천천히 무르익어 간다(대기만성).

주제 6

기술에 관하여, 혹은 손으로 만들어낸 기적들

Тема 6

О технике, или Чудеса рукотворные

Челове́к о́чень бы́стро привыка́ет к техни́ческим чудеса́м (чудеса́м те́хники). Е́сли ра́ньше те́хника вызыва́ла ра́зные эмо́ции, наприме́р, ра́дость («Ура́-а! Мы е́дем на по́езде!») или страх («Не пое́ду на по́езде: это а́дская маши́на!»), то сейча́с мы говори́м про́сто, без эмо́ций: «Е́дем на экспре́ссе», «Лети́м на самолёте»… В на́шей жи́зни ма́сса соверше́нной, удо́бной, у́мной те́хники: автомоби́ли с ра́зным ти́пом управле́ния, моби́льный телефо́н, смартфо́ны, це́лое *изда́тельство на столе́*(компью́тер – ска́нер – при́нтер), разнообра́зные компью́терные програ́ммы, са́мые ра́зные ро́боты, сверхзвуково́й самолёт, спу́тник свя́зи…

Како́е чу́до те́хники бо́льше всего́ вас восхища́ет? Расскажи́те, что мо́гут (мо́гут де́лать) совреме́нные компью́терные програ́ммы. Вы жи́ли когда́-нибудь без благ цивилиза́ции? Без электри́чества? Водопрово́да? Что вы испы́тывали?

인간은 기술의 기적에 매우 빨리 익숙해진다. 예전에 기계가 다양한 감정들, 예를 들어 기쁨(《만세! 우리 기차 타고 간다!》) 혹은 공포(《기차 타고 가지 않을 거야. 그건 지옥 같은 차야!》)를 불러일으켰다면, 지금 우리는 아무 감정 없이 그저 말할 뿐이다: 《특급 타고 간다.》, 《비행기 타고 간다.》 우리의 삶에는 완벽하고 편리하며 영리한 기술 장비들이 대단히 많다: 다양한 타입의 조종 장치가 갖추어진 자동차들, 이동 전화, 스마트폰, 책상 위에 출판사가 통째로 있는 것(컴퓨터-스캐너-프린터), 다양한 컴퓨터 프로그램, 아주 다양한 로보트들, 초음속 비행기, 통신 위성….

어떠한 기술의 기적이 당신을 가장 감탄하게 만듭니까? 현대 컴퓨터 프로그램은 무엇을 할 수 있는지 이야기해 보십시오. 당신은 문명의 혜택 없이 살아본 적이 있습니까? 전기 없이는? 수도 없이는? 무엇을 경험했습니까?

те́хника는 생산을 목적으로 개발된 일정 수준 이상의 '기술'을 의미하는 단어이며, 한편으로는 그러한 기술이 구현된 '기술 장비'를 뜻하기도 한다(따라서 '기계'라고 번역해도 무방할 때가 있다). 이 경우들에서는 의미의 단, 복수와 상관 없이 형태는 항상 단수로만 쓰인다는 점을 주의해야 한다. 또한 이 단어는 인간 활동에서 발휘되는 (소위 우리가 '테크닉'이라고 부르는) 기술을 의미할 때도 있다. 다음의 예들을 통해 구분해 보자.

· Что ожида́ет челове́чество от разви́тия нау́ки и те́хники в 21 веке?

인류는 21세기 학문과 기술의 발전으로부터 무엇을 기대하고 있는가?

· В на́ши дни разнообра́зная бытова́я те́хника: телеви́зор, холоди́льник, пылесо́с и т. д.

오늘날에는 다양한 일상 기술 장비(=가전제품)들이 있다: TV, 냉장고, 진공청소기 등등.

· строи́тельная те́хника 건설 장비(들) (불도저, 포크레인 등등)

· сельскохозя́йственная те́хника 농업 기계(들) (트랙터, 콤바인 등등)

· Этот офице́р хорошо́ владе́ет те́хникой рукопа́шного бо́я.

이 장교는 백병전의 기술을 훌륭하게 구사할 줄 안다.

Не́которые в восто́рге от совреме́нных ро́ботов, они́ счита́ют, что ро́боту мо́жно поручи́ть абсолю́тно всё. Уже́ есть у́мные дома́шние ро́боты, помога́ющие по хозя́йству, ро́боты, кото́рые произно́сят то́сты на дипломати́ческой встре́че и др. Как вы ду́маете, ро́бот, кото́рый бу́дет венча́ть новобра́чных во дворце́ бракосочета́ний, – это хоро́шая иде́я или нет? Бу́дет легко́ привы́кнуть?

Расскажи́те, о како́й маши́не, о како́й те́хнике бу́дущего, о како́м ро́боте вы мечта́ете. Како́й это бу́дет ро́бот и для чего́? Робот – хиру́рг? Ро́бот – ня́ня? Ро́бот – помо́щник по до́му? Ро́бот – иссле́дователь Ко́смоса?...

Как вы представля́ете себе́ по́лностью компьютеризи́рованную жи́знь?

И ещё вопро́с: е́сли у челове́ка нет компью́тера, моби́льного телефо́на– это но́рма (челове́к не хо́чет быть постоя́нно на свя́зи с други́ми, хо́чет иногда́ отдыха́ть от други́х) или ди́кость, большо́е отстава́ние от жи́зни?

2 로보트가… 결혼시킨다

　어떤 사람들은 현대의 로보트로 인해 환희에 차 있는데, 그들은 로보트에게 완벽하게 모든 것을 맡길 수 있다고 생각한다. 집안 일을 돕는 영리한 가정용 로보트, 외교 회동에서 건배 인사말을 하는 로보트 등등이 이미 존재한다. 예식장에서 신혼부부를 결혼시키는 로보트 – 이것은 좋은 아이디어라고 생각합니까? 그것에 익숙해지는 것이 쉬울까요?

　당신은 어떤 기계, 미래의 어떤 기술 장비, 어떤 로보트에 대해 꿈꾸고 있는지 말해보십시오. 그것은 어떤 로보트이며 무엇을 위한 것입니까? 외과 의사 로보트? 보모 로보트? 가사 도우미 로보트? 우주 탐사가 로보트?…

　완벽하게 컴퓨터 시스템화된 삶에 대해서는 어떤 상상을 하십니까?

　그리고 질문 한 개가 더 있습니다. 만약 어떤 사람에게 컴퓨터와 핸드폰이 없다면 이것은 정상일까요(사람이 항상 다른 사람들과 연결되어 있고 싶은 것은 아니고, 가끔은 다른 사람들을 피해 쉬고 싶으니까) 혹은 야만성이거나 삶으로부터 많이 뒤떨어진 것일까요?

отста́вание (기준이 되는 것보다) 뒤처짐, 늦어짐

· Счита́ется, что отсу́тствие вы́сшего образова́ния – большо́е отстава́ние от совреме́нной жи́зни.

고등 교육의 부재는 현대의 삶으로부터 크게 뒤처지는 것이라고 간주된다.

отстава́ть/отста́ть от чего́, кого́ ~으로부터 뒤처지다, 뒤떨어지다

· Ребёнок роди́лся ра́ньше сро́ка, и потому́ отстаёт от рове́сников в своём разви́тии.

아기는 (예정) 시기보다 일찍 태어났고 그래서 동년배들보다 발육에서 뒤처지고 있다.

Некоторые ду́мают, что телеви́зор – э́то зло: телема́ния отбира́ет вре́мя у чте́ния, размышле́ний, обще́ния. Есть и друго́е мне́ние: телеви́дение похо́же на кни́гу, то́лько его́ «страни́цы» - экра́нные. Телеви́зор – э́то пра́здник, кото́рый всегда́ с тобо́й. И кни́ги чита́ть поле́зно, и телеви́зор смотре́ть поле́зно во мно́гих отноше́ниях. Наприме́р, е́сли по телеви́дению нет интере́сных переда́ч, мо́жно смотре́ть хотя́ бы програ́ммы новосте́й.

На́до ли име́ть телеви́зор, как по-ва́шему?

Мо́жет ли интерне́т с его́ соверше́нными приложе́ниями (и зву́к, и изображе́ние!) по́лностью замени́ть нам телеви́дение?

텔레비전은 시간 도둑? 선생님? 위로자?

　어떤 사람들은 텔레비전이 악이라고 생각한다: 텔레비전 중독은 책 읽기, 묵상, 사람 간 교제에 쓸 시간을 빼앗아가 버린다. 다른 견해도 존재한다: 텔레비전은 책과 비슷하며 단지 그것의 페이지가 화면이라는 점이다. 텔레비전 - 그것은 항상 당신과 함께 하는 축제일이다. 책을 읽는 것도 유익하고, 텔레비전을 보는 것도 많은 점에서 유익하다. 예를 들어, 텔레비전에서 재미있는 프로그램이 아무것도 없다면 하다 못해 뉴스 프로그램이라도 볼 수 있다.

　당신이 보기에는 텔레비전을 가져야 하겠습니까?

　소리도, 형상도 완벽하게 부가된 인터넷이 우리에게 텔레비전을 대신해 줄 수도 있을까요?

동사 **заменя́ть/замени́ть**는 다음과 같은 문장 구조를 통해 사용된다.

가. A (Кто, Что) заменя́ть/замени́ть B (кого́, что) A가 B를 대신하다

· Нача́льник попроси́л Та́ню, чтобы она́ вре́менно замени́ла заболе́вшего сотру́дника. 부서장은 따냐에게 병이 난 동료 직원을 임시로 대신해 달라고 요청했다.

이 때 A 와 B 사이에 여격(кому́, чему́)을 넣어서 '~에게(~를 위해)'라는 뜻을 추가해서 표현할 수도 있다. 위 텍스트의 문장이 바로 이러한 형태이다.

· О́тчим по́лностью замени́л ма́льчику поги́бшего отца́.
새 아버지는 소년에게 돌아가신 아버지를 완벽히 대신해 주었다.

나. A (Кто, Что) заменя́ть/замени́ть B (кого́, что) C (кем, чем)
A가 B를 C로 대체하다(A 가 스스로 대신하는 것이 아니라 B 와 C 라는 대상에 대해 하는 행위임을 주의).

· Не́ было у́ксуса, и я замени́ла у́ксус лимо́нным со́ком.
식초가 없어서 나는 레몬즙으로 식초를 대체했다.

Когда́ обы́чная по́чта то́лько появи́лась, ей до́лго не доверя́ли, счита́ли, что лу́чше посла́ть челове́ка с письмо́м. Тогда́ пи́сьма шли ме́дленно, осо́бенно когда́ ещё не́ было самолётов. А тепе́рь мы в восто́рге от име́йла: сообще́ния дохо́дят мгнове́нно. Кто́-то пошути́л, что тепе́рь по сравне́нию с электро́нными пи́сьмами письма, напи́санные от руки́, вы́глядят как посла́ния из позапро́шлого ве́ка. Мо́жет быть, и́менно поэ́тому молодёжь, кото́рая привы́кла обща́ться по име́йлу, моби́льному телефо́ну, социа́льным сетя́м, ста́рый спо́соб обще́ния (письмо́) счита́ет романти́чным.

А вам что нра́вится – письмо́ от руки́ или e-mail?

　일반적인 우편이 막 출현했을 때는 오래 동안 그것을 신뢰하지 않았고 편지를 동반시켜 사람을 보내는 것이 더 낫다고 생각했다. 당시에는 편지가 천천히 갔으며 특히 비행기가 아직 없었을 때는 특히 그러했다. 하지만 지금 우리는 인터넷에 감탄하고 있다: 메시지가 순간적으로 도착한다. 누군가는 이제 전자 메일에 비교하면 손으로 쓴 편지는 전근대 시기로부터 온 서한처럼 보인다고 말한 바 있다. 아마도 바로 이런 이유로 인해, 이메일, 핸드폰, SNS를 이용해 교류하는 데 익숙해 있는 젊은이들은 오래된 교류방식(편지)을 낭만적이라고 생각하는 것이다.

　당신은 손으로 쓴 편지 혹은 이메일 중 어떤 것이 마음에 듭니까?

주요 구문과 표현

молодёжь는 문법적으로는 여성 명사이지만, 의미상으로는 젊은 여성들과 남성들을 한꺼번에 지칭하는 집합 명사이다. 따라서 '젊은이들'이라는 복수의 뜻을 가지며, 반면에 형태는 항상 단수로만 쓰이는 것에 주의해야 한다.

- Ско́лько проце́нтов молодёжи изуча́ют англи́йский язы́к в Коре́е?
  한국에서는 젊은이들 중 몇 퍼센트가 영어를 공부합니까?(단수 생격 형태)
- Э́ту полити́ческую па́ртию подде́рживает молодёжь.
  이 정당을 지지하는 것은 젊은이들이다.

Одни́ лю́ди хва́лят компью́терные и́гры: в них челове́к развива́ет интелле́кт, ведь не все пра́вила изве́стны зара́нее. Кро́ме того́, дока́зано, что и́гры хорошо́ трениру́ют внима́ние, расширя́ют кругозо́р, е́сли игра́ познава́тельная. И́гры (в ме́ру!) не опа́сны.

Други́е лю́ди видеои́гры руга́ют: э́то гипно́з, компью́терная наркома́ния. Быва́ет да́же, что де́ти броса́ют шко́лу, взро́слые – рабо́ту, что́бы игра́ть, кто-то да́же умира́ет в игроте́ках. В и́грах мно́го «дебилов с ору́жием» и нет гумани́зма: там на́до победи́ть врага́, разори́ть конкуре́нта. А э́то, как любо́й боеви́к, увели́чивает тя́гу к наси́лию. Внима́ние же мо́жно трениро́вать не и́грами в виртуа́льной реа́льности, но и с по́мощью йо́ги…

Ва́ше мне́ние?

어떤 사람들은 컴퓨터 게임을 찬양한다: 그 속에서 인간은 지력을 기를 수 있다, 왜냐하면 모든 규칙들이 사전에 알려져 있는 것은 아니기 때문이다. 그 외에도 만일 게임이 지식을 얻게 하는 게임이라면 그것은 집중력을 단련시키고 시야를 넓혀 준다는 것이 증명되었다. 게임은(적당히 한다면!) 위험하지 않다.

다른 사람들은 비디오게임을 욕한다: 이것은 최면이고 컴퓨터로 인한 마약 중독 상태이다. 게임을 하기 위해 아이들이 학교를 그만두고 성인들은 직장을 그만두며 누군가는 게임방에서 죽는 일까지 있다. 게임에는 《무기를 든 멍청이》들이 많이 나오고 휴머니즘은 없다: 거기서는 적을 격파해야 하고 경쟁자를 파괴해야 한다. 이것은 여느 액션 영화와 마찬가지로 폭력에 대한 동경을 커지게 만든다. 집중력은 가상 현실 속 게임을 통해서가 아니라 요가를 통해서 단련할 수 있는데도 말이다…

당신의 의견은?

주요 구문과 표현

увели́чивать/увели́чить тя́гу к чему́ ~을 향한 동경(욕구)을 커지게 만들다

- Сце́ны наси́лия над живо́тными и́ли людьми́, с одно́й стороны́, вызыва́ют отвраще́ние к наси́лию, а с друго́й стороны́, мо́гут увели́чить тя́гу к наси́лию. 동물이나 사람에게 폭력을 가하는 장면들은 한편으로는 폭력에 대한 혐오감을 불러일으키지만, 다른 한편으로는 폭력에 대한 동경을 커지게 만들 수도 있다.

Говоря́т, что компью́тер – бо́лее удо́бный исто́чник зна́ний и объекти́вный их контролёр, чем челове́к: те́хнику не разжа́лобишь, не уговори́шь. Она́ не оскорби́т, не посмеётся над ва́ми, не уни́зит вас. Пе́ред маши́ной не сты́дно за оши́бки. Обуче́ние с по́мощью компью́тера в игрово́й фо́рме идёт ле́гче, живе́е, акти́внее, интере́снее, чем традицио́нное.

Каки́е зна́ния вы хоте́ли бы получи́ть с по́мощью компью́тера?

---

6 컴퓨터가 교육자보다 나은가?

컴퓨터는 인간보다 더 편리한 지식의 원천이고 더 객관적인 지식 감독자라는 말이 있다: 기계 장치로 하여금 (당신을 향한) 동정심을 가지게 할 일도 없으며 그것을 설득하려고 할 일도 없다. 그것은 모욕하지 않을 것이고 당신을 비웃지도 않을 것이며 멸시하지도 않을 것이다. 기계 앞에서는 실수를 해도 부끄럽지 않다. 컴퓨터의 도움을 받아 놀이의 형태로 하는 학습은 전통적인 것보다 더 쉽고, 더 생생하고, 더 적극적이고, 더 흥미롭게 진행된다.

컴퓨터의 도움을 받아 당신이 얻고 싶은 지식은 무엇이 있습니까?

Сравни́те два мне́ния о компьютериза́ции о́бщества.

1. Компьютериза́ция – э́то прекра́сно. И в нау́ке, и в торго́вле, и в обуче́нии, и в медици́не компью́тер безжа́лостно сообща́ет обо всех оши́бках, и э́то помога́ет соверше́нствоваться в профе́ссии. Мо́жно легко́ нака́пливать статисти́ческие да́нные, благодаря́ чему́ растёт число́ откры́тий. Компью́тер активизи́рует логи́ческое мышле́ние, повыша́ет сре́дний у́ровень интеллектуа́льности о́бщества. Он облегча́ет выявле́ние преступле́ний, осо́бенно уго́нов автомоби́лей и экологи́ческих преступле́ний.

2. Компьютериза́ция – э́то пло́хо. И́з-за появле́ния но́вой те́хники исчеза́ют мно́гие профе́ссии и их многовековы́е секре́ты, а э́то опа́сно, потому́ что мы не зна́ем, что нас ждёт в бу́дущем. Компью́тер развива́ет ле́ность ума́, отуча́ет ду́мать. Де́лает возмо́жным компью́терный промы́шленный шпиона́ж, ха́керство (несанкциони́рованное проникнове́ние в чужи́е да́нные, разрабо́тка и внедре́ние ви́русов, взлом да́нных ба́нков и др.), упроща́ет подде́лку де́нег и докуме́нтов.

Ва́ши мне́ния, предложе́ния, пожа́луйста.

사회의 컴퓨터화에 대한 두 가지 의견을 비교해 보십시오.

1. 컴퓨터화는 아주 좋은 것이다. 학문에도, 상업에도, 교육에도, 의료에서도 컴퓨터는 모든 실수들에 대해 무자비하게 알려주고 이것이 그 직업에 완벽해져 가는데 도움을 준다. 통계적 자료를 쉽게 축적할 수 있고, 그 덕분에 발견의 숫자가 늘어난다. 컴퓨터는 논리적 사고력을 활성화시키고 사회의 평균적인 지력을 높인다. 그것은 범죄를 밝혀내는 것, 특히 자동차 절도와 환경 범죄를 밝혀 내는 것을 용이하게 만든다.

2. 컴퓨터화는 나쁜 것이다. 새로운 기술의 출현으로 인해 많은 직업들과 수세기에 걸쳐 쌓인 그 직업들의 비밀들이 사라져 가고 있다. 그런데 이것이 나쁜 이유는 무엇이 미래에서 우리를 기다리고 있는지 모르기 때문이다. 컴퓨터는 뇌의 게으름을 발전시키고 생각하는 것을 그만두게 만든다. 컴퓨터를 이용한 산업 스파이 행위, 해커 행위(타인의 자료에 대한 인가 받지 않은 침투 행위, 바이러스를 만들어 심는 것, 은행 자료에 침입하기 등등)를 가능하게 만들며, 돈과 서류의 위조를 간단하게 만든다.

당신의 의견과 제안을 말해 보십시오.

1. совершéнствовать кого, что ~을 한층 더 낫게 만들어 가다
совершéнствоваться в чём ~에서 한층 더 나아지다

> · Филóсофы и служѝтели цéркви считáют, что человéк дóлжен постоя́нно совершéнствовать себя́.(совершéнствовать себя = совершéнствоваться)
>
> 철학자들과 성직자들은 인간은 항상 자신을 한층 더 낫게 만들어 가야 한다고 생각한다.
>
> · Как совершéнствоваться в ша́хматах?
>
> 어떻게 하면 체스 실력이 한층 더 나아질 수 있을까?

2. активизи́ровать что (침체되어 있거나 사용되지 않던 것을) 활성화시키다

> · Чтóбы активизи́ровать внима́ние шкóльников, учи́тель испóльзует на урóке разнообрáзные и́гры.
>
> 학생들의 주의력을 활성화시키기 위해 교사는 수업 시간에 다양한 놀이를 이용한다.
>
> · Сéрия исслéдований доказáла, что мýзыка активизи́рует мозговýю дея́тельность. 일련의 연구들은 음악이 두뇌 활동을 활성화시킨다는 점을 증명했다.

Есть лю́ди, кото́рые не уме́ют обраща́ться с те́хникой, не лю́бят техни́ческие но́винки. Те́хника их пуга́ет. Нетехни́ческие сре́дства (ле́стница, ло́шадь, ру́чка) ка́жутся им бо́лее надёжными, чем техни́ческие (лифт, маши́на, компью́тер). Действи́тельно, ра́ньше в систе́ме «челове́к – те́хника» сла́бым звено́м до́лгое вре́мя была́ не о́чень соверше́нная те́хника. В на́ши дни те́хника ста́ла намно́го надёжнее, но тепе́рь в систе́ме «челове́к – те́хника» сла́бым звено́м стал челове́к. Ему́ всё трудне́е разобра́ться в те́хнике, отсю́да – ава́рии, катастро́фы.

Расскажи́те, а вы с те́хникой *на ты* (разбира́етесь в ней, уме́ете с ней рабо́тать, лю́бите её) или *на вы* (не уме́ете с ней обраща́ться, бои́тесь её и не доверя́ете ей)?

기계를 취급할 줄 모르며 기술적으로 새로운 물건들을 싫어하는 사람들이 있다. 기계는 그들을 깜짝 놀라게 만든다. 그들에겐 비기술적인 수단들(계단, 말, 펜)이 기술적인 수단들(엘리베이터, 자동차, 컴퓨터)보다 더 믿을만한 것으로 비친다. 실제로 예전에는 오랫동안 《인간 – 기계》 조직 속에서 취약한 고리는 완벽하지 못한 기계였다. 오늘날에는 기계가 훨씬 더 믿을 만해졌으나, 《인간 – 기계》 조직에서 취약한 고리가 되어버린 것은 인간이다. 기계를 충분히 이해하는 것이 인간에게 점점 더 힘들어지고 있고 여기서부터 사고와 재난이 발생한다.

당신은 기계를 잘 다룰 줄 아는지(기계를 잘 이해하고 기계와 함께 일할 수 있으며 기계를 좋아하는지) 아니면 문외한인지(기계를 다룰 줄 모르며, 두려워하고, 신뢰하지도 않는지) 말해 보십시오.

주요 구문과 표현

разбира́ться/разобра́ться в чём (연구해서) ~을 잘 이해하다, ~을 잘 이해해 정리하다(в чём 없이 단독으로 또는 후속되는 절이나 구와 결합해 쓰일 수도 있다)

· Он хорошо́ разбира́ется в компью́терах, мо́жет почини́ть любо́й компью́тер. 그는 컴퓨터를 잘 이해하고 있기 때문에 어떤 컴퓨터든 고칠 수 있다.

· Я помогу́ тебе́ разобра́ться, как покупа́ть авиабиле́ты че́рез интерне́т. 인터넷을 통해 비행기표를 어떻게 사는지 네가 이해해 정리할 수 있도록 도와주겠다.

Как изве́стно, те́хника мо́жет и созида́ть, и разруша́ть. Всё зави́сит от того́, как её испо́льзует челове́к – что́бы накорми́ть всё челове́чество или что́бы его́ уничто́жить. Говоря́т, что те́хника и цивилиза́ция – э́то бога́тство, сокро́вище, но оно́ *вокру́г* челове́ка, а *не в его́ душе́*. А вот культу́ра – э́то вну́треннее, духо́вное бога́тство. Поэ́тому пло́хо, е́сли техни́ческий прогре́сс обгоня́ет культу́ру. Цивилиза́ция должна́ развива́ться под руково́дством культу́ры. Техни́ческий прогре́сс никому́ не принесёт сча́стья, е́сли не бу́дет нра́вственного прогре́сса.

Вы мо́жете подтверди́ть э́то приме́рами?

알려진 바와 같이, 기술은 창조를 할 수 있고 파괴를 할 수도 있다. 모든 것은 인간이 그것을 어떻게 사용하는가에 달려 있다. 전인류를 먹여 살리기 위해서인지 아니면 파멸시키기 위해서인지. 기술과 문명은 풍요함이며 보물이지만, 인간의 정신이 아니라 인간의 주위에 있는 보물이라는 말이 있다. 문화야말로 내적이고 정신적인 풍요함이다. 때문에 만약 기술적인 진보가 문화를 추월한다면 좋지 않은 일이다. 문명은 문화의 지도하에서 발전해야 한다. 정신적인 발전이 없다면 기술적인 진보는 아무에게도 행복을 가져오지 않을 것이다.

당신은 예를 통해서 이점을 확인해 줄 수 있습니까?

사실에 대한 확인, 주장, 입증 등과 관련되는 세 단어의 차이점을 알아 보도록 하자.

가. **подтвержда́ть/подтверди́ть** ~을 확인하다(사실인 것에 대해 그것이 사실이라고 말하거나 적음으로서 확인하는 행위)

· Я могу́ подтверди́ть то, что он сказа́л: ава́рия произошла́ по вине́ пешехо́да. Э́то подтвержда́ет и видеоза́пись.

나는 그가 말한 것을 확인해 줄 수 있습니다: 사고는 통행인의 잘못으로 발생했습니다. 이 점은 녹화된 비디오도 확인해 주고 있습니다.

나. **утвержда́ть/утверди́ть** ~을 주장하다, 힘주어 말하다(진짜 사실인가와는 상관없이, 그것이 사실임을 주장하는 행위)

· Снача́ла он всё упо́рно отрица́л, утвержда́л, что невино́вен. Но че́рез два дня его́ вина́ была́ дока́зана.

처음에 그는 모든 것을 끈질기게 부정하면서 자신은 죄가 없다고 주장했다. 하지만 이틀 후에 그의 죄는 입증되었다.

이 단어는 이외에도 '~을 승인하다, 인가하다, 비준하다'라는 뜻도 가진다(~을 확인하여 그것에 정식 효력이나 권한을 주는 행위. **зако́н, план, прое́кт, результа́т, пра́вило** 등등 다양한 목적어와 결합할 수 있다)

· Сего́дня мы должны́ обсуди́ть и утверди́ть бюдже́т университе́та на сле́дующий год. 오늘 우리는 내년도 대학 예산을 심의해 승인해야 합니다.

다. **дока́зывать/доказа́ть что** ~을 입증하다, 증명하다

· Адвока́т собира́ет материа́лы, что́бы доказа́ть невино́вность подсуди́мого с по́мощью фа́ктов.

변호사는 사실에 입각해 피고의 무죄를 입증하기 위해 자료를 수집하고 있다.

1. Цивилиза́ция и прогре́сс не обеспе́чивают гармо́нии в жи́зни челове́ка: э́то де́лает то́лько иску́сство.

2. Ну́жно ли создава́ть но́вую те́хнику, е́сли она́ *не* де́лает челове́ка добре́е, серде́чнее, благоро́днее?

3. Без изма́тывающего труда́ и нечелове́ческого фанати́зма инжене́ров, мечта́вших «полете́ть, как пти́ца», челове́к никогда́ не име́л бы самолётов и косми́ческих раке́т.

4. Соверше́нные связь и тра́нспорт – э́то моби́льность совреме́нного челове́ка.

1. В чём те́хника никогда́ не заме́нит челове́ка? В чём те́хника смо́жет замени́ть челове́ка?

2. Рабо́чие бесе́дуют. С кем рабо́тать ле́гче и прия́тнее? С людьми́ (мо́жно поговори́ть по душа́м, пообща́ться)? С ро́ботами (не

удивля́ются, не критику́ют, не устаю́т)?

  • по душа́м 마음을 털어놓고

3. Ма́ма не хо́чет чита́ть сы́ну ска́зки: там геро́и получа́ют незарабо́танные бла́га (оде́жду, еду́, жили́ще, жену́-принце́ссу) от до́брого волше́бника, а э́то иждиве́нчество. Оте́ц же полага́ет, что сы́ну слу́шать ска́зки на́до: они́ у́чат мечта́ть, а мечта́ – э́то сти́мул для техни́ческого прогре́сса.

  • иждиве́нчество 피부양자 신분 혹은 식객 신분   • иждиве́нец 피부양자 혹은 식객

4. Же́нщинам нра́вится электро́нная по́чта, а агресси́вные и́гры (уби́ть, разру́шить, победи́ть конкуре́нта) – нет. А мужчи́нам нра́вятся и по́чта, и и́гры.

5. Молодо́й челове́к счита́ет так: кто не пры́гал с парашю́том – несча́стный челове́к. А его́ неве́ста не ве́рит в надёжность вертолётов и парашю́тов.

6. Шко́льники дискути́руют о ро́ботах бу́дущего. Мно́го те́хники – э́то опа́сно? Лю́ди вы́мрут от безде́лья и ску́ки? Возмо́жен ли бунт ро́ботов? Или ро́боты бу́дут рабо́тать то́лько на вре́дных, опа́сных рабо́тах?

7. Разгово́р продавцо́в: что лу́чше и вы́годнее для продавца́ и покупа́теля – обы́чная торго́вля в магази́нах или ку́пля-прода́жа по зака́зам че́рез Интерне́т?

8. *А*: Езда́ на мотоци́кле опа́сна. *Б*: Е́дить на мотоци́кле не так ску́чно, как на маши́не. И для мотоцикли́ста нет про́бок на доро́ге!

9. Диало́г тамо́женников. Самолёты – э́то хорошо́? Или пло́хо: по ми́ру бы́стро распространя́ются ви́русы опа́сных боле́зней?

10. Семья́ реша́ет, каку́ю у́мную те́хнику ну́жно купи́ть для чле́нов семьи́.

11. *А*: На́до по́льзоваться еди́ной у́мной пла́стиковой ка́рточкой: мо́жно производи́ть абсолю́тно все́ свои́ фина́нсовые расчёты. *Б*: Э́то но́вый вид слѐжки за челове́ком. От тако́й ка́рточки на́до отказа́ться.

12. Два челове́ка – равноду́шный к те́хнике и «фана́т те́хники» – бесе́дуют, легко́ ли бу́дет в бу́дущем вы́бросить ста́рого ро́бота, ведь э́то ро́бот-челове́к?

13. Есть ли кака́я-то связь ме́жду «интеллиге́нтными» маши́нами и челове́ком: почему́ компью́тер начина́ет пло́хо рабо́тать (*зависа́ть*), когда́ у хозя́ина плохо́е настрое́ние?

14. Бесе́да фило́софов, что тако́е прогре́сс. Материа́льное процвета́ние? Разви́тие те́хники? Разви́тие атмосфе́ры

взаимопо́мощи? Уменьше́ние жесто́кости челове́ка, кото́рый поро́й быва́ет страшне́е любо́й маши́ны (гора́ кре́пких му́скулов с ору́жием)?

- материа́льное процвета́ние 물질적인 번영   • уменьше́ние 감소

15. Что удиви́тельнее: техни́ческие и́ли гуманита́рные достиже́ния? Пра́вильно ли говоря́т, что Мо́царт удиви́тельнее и интере́снее, чем вся технологи́ческая револю́ция?

- технологи́ческая револю́ция 기술 혁명

Пишем сочинение 다음의 주제들을 가지고 글쓰기를 해봅시다

1. Челове́к и те́хника.

2. Мы и ро́боты.

3. Те́хника и социа́льные пробле́мы.

4. Культу́ра, те́хника, цивилиза́ция.

5. Компью́тер: плю́сы, ми́нусы.

6. Прогре́сс те́хники – свиде́тельство прогре́сса о́бщества?

Дополнительный материал   보충 자료

Познако́мьтесь с ру́сскими посло́вицами о те́хнике. Скажи́те, кака́я вам бо́льше нра́вится и почему́.

기술에 대한 러시아 속담을 익혀보십시오. 어떤 것이 가장 마음에 들며 그 이유는 무엇입니까?

Русские пословицы   러시아 속담

- **На те́хнику наде́йся, а сам не плоша́й.**

  기계에 의지하더라도 스스로는 방심하지 말라(아무리 좋은 기계라도 그것을 다루는 이
  가 태만하고 방심하면 좋은 결과를 거두지 못하거나 사고를 당할 수 있다는 뜻).

- **Те́хника сильна́, когда́ в уме́лых рука́х она́.**

  기계는 잘 다룰 줄 아는 손에 있을 때만 강하다.

- **Те́хникой владе́ешь - всё преодоле́ешь.**

  기술을 터득하면 모든 것을 극복할 수 있다.

- **Те́хнику лю́бишь – ма́стером бу́дешь.**

  기술을 좋아하면 명장(名匠)이 될 수 있다.

- **Что́бы до́брое жи́то жать, на́до те́хнику изуча́ть.**

  풍족한 수확을 거두려면 기계를 공부해야 한다(수확을 잘 거두려면 들판의 농업용 기계
  들을 효율적으로 작동할 수 있도록 공부해야 한다는 뜻).

교육, 혹은 금팔찌처럼 빛나는 것

Образование,
или Как золотой браслет на руке

Есть шу́тка про университе́т: университе́т – это ме́сто, куда́ бога́тые лю́ди посыла́ют свои́х дете́й, не спосо́бных к би́знесу. А как бы вы сформули́ровали, что тако́е университе́т? Ме́сто, где препода́ют ра́зные предме́ты? Гото́вят к нау́чной де́ятельности? Гото́вят к профессиона́льной де́ятельности? Гото́вят к жи́зни?

Как вам ка́жется, образова́ние чу́вствуется в обще́нии или нет? В чём чу́вствуется образова́ние: в ре́чи, в поведе́нии, в те́мах разгово́ров?

1 사업에 재능이 없다고?… 그렇다면 대학에 가!

　대학에 대한 농담이 있다: 대학, 이것은 부자들이 사업에 능력이 없는 자식들을 보내는 곳이다. 당신은 대학이 무엇인지 어떻게 정리해 볼 수 있겠습니까? 다양한 과목들을 가르치는 곳? 학문 활동을 준비시키는 곳? 직업 활동을 준비시키는 곳? 삶에 대비시키는 곳?

　사람 사이의 교류에서도 교육 정도가 느껴질 수 있다고 보입니까? 어떤 점에서 교육 정도가 느껴집니까? 언어, 행동, 대화 주제?

Пословицы разных народов расхваливают образование: оно как «золотой браслет на руке», «Учиться надо до смерти», «Век живи – век учись», «Учёный голодным не бывает»…

Одни люди считают высшее образование государственной необходимостью. Другие уверены, что оно просто тренирует мозг, как спорт тренирует тело. Чем больше человек учится, тем дольше живёт, творит и развивается. Третьи видят в образовании только будущий *кусок хлеба*. Но есть и те, кто убеждён, что образование – это скучно и нудно. Слишком много надо заниматься, напрягаться, чтобы в результате знать совсем немного. Наука – дело трудное, недаром о ней говорят со страхом: «грызть гранит науки», «ловить за хвост угря науки». Действительно, чем больше узнаёт человек в науке, тем лучше понимает, как мало он знает. А всё знать невозможно! Поэтому не знать ничего, не учиться – это нормально. Зарабатывать на жизнь или даже делать большие деньги можно и без образования.

А как вы считаете, нужно ли пытаться узнать хотя бы небольшую часть океана знаний человечества? Может быть, лучше раньше начать работать, тогда жизнь всему научит?

Вы знаете людей, которые в зрелые годы говорят: «Жалею, что недоучился, разменял молодость на пустяки»? Или, наоборо́т, говоря́т так: «Жале́ю, что сли́шком мно́го учи́лся, заучи́лся, просиде́л мо́лодость в библиоте́ке, пропусти́л реа́льную, настоя́щую, живу́ю жизнь»?

Как вы ду́маете, в како́м о́бществе лу́чше жить: в сосло́вном (когда́ вам гаранти́ровано положе́ние роди́телей) или в совреме́нном (вы должны́ пробива́ть себе́ доро́гу са́ми с по́мощью образова́ния)?

다양한 민족의 속담들은 교육을 극구 칭찬한다: 그것은 《빛나는 금팔찌와 같다》, 《배움은 죽을 때까지》, 《100년을 살아도 계속 배워야 한다》, 《학자가 굶주리는 경우는 없다》…

어떤 사람들은 고등 교육이 국가적 필수 사항이라고 생각한다. 다른 사람들은 스포츠가 신체를 단련하듯이 고등 교육도 두뇌를 단련할 뿐이라고 확신한다. 사람은 더 많이 배울수록 더 오래 살게 되고, 창조하고 발전해 간다. 세 번째 사람들은 교육 속에서 미래의 생계 수단만을 본다. 하지만 교육은 지루하고 싫증나는 것이라는 확신을 가지고 있는 사람들도 있다. 결과적으로는 아주 조금만 알기 위해서도 너무 많이 공부하고 힘을 들여야 한다. 학문은 힘든 일이라서 《학문의 화강암을 물어 뜯는다》, 《장어(長魚)와 같은 학문의 꼬리를 붙잡으려 한다》라는 말을 공포심을 가지고 하는 게 괜한 일은 아니다. 실제로, 사람이 학문에서 더 많이 알아갈수록 자신이 알고 있는 것이 얼마나 적은지 더 잘 이해하게 된다. 그런데 모든 것을 다 아는 것은 불가능하다! 따라서 아무 것도 모르고 공부도 하지 않는 것이 정상적일 수 있다. 생계를 꾸려나가거나 혹은 큰 돈을 버는 것까지도 교육 받지 않고도 가능하다.

인류가 가진 지식의 대양(大洋)의 작은 부분이라도 알 수 있도록 애써 보는 게 필요하다고 보십니까? 어쩌면 일찌감치 일을 시작하는 게 더 낫지 않을까요, 그러면 삶이 모든 것을 가르쳐 줄 테니까요.

나이가 들어서 "충분히 배우지 못했고, 젊음을 하찮은 것들에 써버린 게 후회된다"라고 말하는 사람들을 아십니까? 혹은 그와 반대로 "너무 많이 공부해서, 지나치게 공부해서, 젊은 시절을 도서관에 앉아 보내다가 현실의 진정하고도 생생한 삶을 놓쳐 버린 게 후회된다"라고 말하기도 하던가요?

당신은 어떤 사회에서 사는 게 낫다고 생각합니까? (당신에게 부모의 위치가 보장되어 있는) 계급사회입니까? 아니면 (당신이 교육의 도움을 받아 스스로 진로를 개척해 나가야 하는) 현대사회입니까?

разме́нивать/разменя́ть что на что ~을 (더 작은 단위의) ~으로 바꾸다

(주로 재화적 가치를 가진 것의 교환에 대해 쓰이며, 비유적으로는 '(쓸모 없는)~에 써버리다'라는 뜻도 가진다)

· Роди́тели всегда́ предупрежда́ют: нельзя́ разме́нивать мо́лодость на пустяки́.

부모들은 항상 경고한다: 젊음을 하찮은 것들에 써버리면 안 된다.

· Где мо́жно разменя́ть э́ти бума́жные де́ньги на моне́ты?

이 지폐를 어디서 동전으로 바꿀 수 있을까요?

В зре́лом во́зрасте мно́гие лю́ди жале́ют о том, что в
шко́льные и университе́тские го́ды они́ пло́хо учи́лись
и потому́ сла́бо разбира́ются в не́которых предме́тах,
наприме́р, геогра́фии, исто́рии, ло́гике, иску́сстве писа́ть,
ора́торском иску́сстве... А шко́льники и студе́нты,
наоборо́т, счита́ют, что мно́гие предме́ты (геогра́фия,
зооло́гия, бота́ника, рито́рика и др.) никогда́ в жи́зни не
пригодя́тся, э́тим нау́кам обуча́ют то́лько потому́, что э́того
хотя́т роди́тели, учителя́, преподава́тели.

Ва́ше отноше́ние к э́тому? Е́сли бы вы могли́ верну́ть
шко́льные го́ды, како́му предме́ту вы бы уде́лили бо́льше
внима́ния? А каки́е полу́ченные в шко́ле или университе́те
зна́ния вам пока́ не пригоди́лись? Легко́ ли предугада́ть,
что в жи́зни мо́жет пригоди́ться? Е́сть ли зна́ния, кото́рые
мо́жно назва́ть *ли́шними*?

Как вы понима́ете выска́зывание «Зна́ние – си́ла,
информа́ция – власть»?

성년기가 되면 많은 사람들은 초중등학교와 대학교 시절에 공부를 게을리해서 몇몇 과목들, 예를 들어 지리학, 역사학, 논리학, 글쓰기 기술, 연설 기술 등등을 잘 이해하지 못하고 있다는 점을 후회한다. 그런데 이와는 반대로 초중등학생들과 대학생들은 많은 과목들(지리학, 동물학, 식물학, 수사학 등등)이 일생 동안 전혀 쓸모 없을 것이며 이 학문들을 가르치는 이유는 단지 부모, 교사, 교수들이 원하기 때문이라고 생각한다.

이에 대한 당신의 견해는? 만약 당신이 초중등학교 시절을 되돌릴 수 있다면 어느 과목에 더 많은 관심을 할애하겠습니까? 초중등학교 또는 대학교에서 얻은 지식들 중 어떤 것이 아직까지 당신에게 쓸모가 없었습니까? 인생에서 무엇이 쓸모가 있게 될지 예측하는 것이 쉬울까요? 잉여(불필요하게 남아돈다)라고 부를 수 있는 지식들이 있을까요?

《지식은 힘이고 정보는 권력이다》라는 견해에 대해 어떻게 생각하십니까?

1. обуча́ть/обучи́ть кого́ чему́ ~에게(사람) ~을 가르치다(이 동사는 учи́ть/

научи́ть와 같은 의미이며, 격 지배 형태 역시 마찬가지이다. 사람이 대격, 가르쳐지는 과목 등
이 여격으로 나온다는 점에 주의해야 한다)

> · Что́бы эффекти́вно обуча́ть студе́нтов иностра́нным языка́м, ну́жны
> разнообра́зные уче́бные посо́бия.
> 학생들에게 외국어를 효과적으로 가르치기 위해서는 다양한 교육 자료들이 필요하다.
>
> 비교) Преподава́тель у́чит языку́ всех одина́ково, но результа́т зави́сит от
> уси́лий самого́ ученика́.
> 선생님은 모두에게 언어를 똑같이 가르치지만 결과는 학생 자신의 노력에 달려 있다.

주의할 점은 учи́ть는 다른 완료상 вы́учить와 짝을 이루어 대격의 대상과 결합하면 '~
을 익히다, 외우다, 공부하다'라는 '학습'의 의미도 가지지만, обуча́ть/обучи́ть는 오직 위
에서 언급한 격 지배 형태와 함께 '교육'의 의미만을 가진다는 점이다. 일례로 다음 문장에서
вы́учил을 обучи́л로 대체하는 것은 불가능하다.

> · Я уже́ давно́ вы́учил слова́ ги́мна Росси́и.
> 나는 이미 오래 전에 러시아 국가 가사를 다 외웠다(다 공부했다).

2. пригожда́ться/пригоди́ться (что пригоди́тся кому́)
~가 ~에게 유용하게 되다, 쓸모 있게 되다

> · В лес возьми́те нож, спи́чки, зонт: всё это там мо́жет вам пригоди́ться.
> 숲으로 칼과 성냥, 우산을 가져 가세요: 그것들 모두 거기서 당신에게 쓸모 있게 될지도 모
> 릅니다.

Сейча́с мно́гие ву́зы предлага́ют *дистанцио́нные формы обуче́ния*. Вы зна́ете таки́е програ́ммы? Учи́ться дистанцио́нно – э́то эффекти́вно?

Что вы ду́маете о *зао́чном обуче́нии* (получе́нии госуда́рственного образова́ния зао́чно), при кото́ром челове́к постига́ет нау́ки самостоя́тельно, а пото́м сдаёт выпускны́е экза́мены по компью́теру? Мо́жет ли така́я систе́ма обуче́ния дать полноце́нные зна́ния, полноце́нное образова́ние? При каки́х усло́виях? Целеустремлённость и си́ла во́ли (уме́ние заста́вить себя́, преодоле́ть лень)? И́ли э́то то́лько «образова́ние для бума́жки» (дипло́ма), т.е. ка́чество тако́го образова́ния ни́зкое?

А что вы ду́маете о *самообуче́нии*, когда́ челове́к у́чится чему́-то без учи́теля (по уче́бникам ти́па самоучи́теля) для себя́, а не для дипло́ма? Э́то легко́ и́ли нет? Эффекти́вно и́ли не эффекти́вно?

Что вы ду́маете про *ча́стные уро́ки* и *репети́торство*? Вы бра́ли (дава́ли) когда́-нибудь ча́стные уро́ки?

현재 많은 고등 교육기관들은 원격 교육 방식을 제공하고 있다. 당신은 이러한 프로그램을 압니까? 원거리에서 공부하는 것 – 이것이 효과가 있을까요?

당신은 학문을 스스로 이해하고 나중에 컴퓨터로 졸업 시험을 치르는 통신 교육(출석하지 않고 국가의 교육을 받는 것)에 대해 어떻게 생각합니까? 그러한 교육이 기준에 합당한 지식과 기준에 합당한 교육을 줄 수 있을까요? 어떤 환경 하에서 말입니까? 명확한 목적과 의지력(자신을 다그칠 수 있고 게으름을 극복할 수 있는 능력)? 아니면 이것은 그저 《종이(졸업장)를 받기 위한 교육》, 즉 그런 교육의 질이 낮다는 의미가 될까요?

그런데 당신은 무언가를 선생님 없이, 졸업장을 위해서나 아니라 자기 자신을 위해서 배우는 독학(자습서 형태의 교재를 통해서)에 대해 어떻게 생각합니까? 이것은 쉬울까요 어려울까요? 효율적일까요 비효율적일까요?

당신은 개인 교습과 가정 교사를 통한 학습에 대해서는 어떻게 생각합니까? 당신은 개인 교습을 받아본(해본) 적이 있습니까?

Насилие – вещь заведомо плохая. Особенно в воспитании. Ребёнок развивается гармонично только тогда, когда он занимается с желанием и интересом. Но бывает, ребёнок хочет играть в шахматы, а его учат музыке, или наоборот. Иногда навязанное так и остаётся навязанным, но бывает, и тоже нередко, что в зрелые годы дети говорят спасибо родителям, которые их учили насильно, контролировали, наказывали. Особенно благодарны своим родителям те люди, которых в детстве обучили сложным предметам: музыке, иностранным языкам. Те же, кого насильно не учили, потом своих родителей упрекают: «Почему вы не заставляли меня учиться, я же был такой глупый, сам не мог понять, что мне нужно, а что – нет.» Все маленькие дети, за редким исключением, не хотят ходить в школу и учиться добровольно.

А вы как полагаете, нужно ли учить ребёнка тем предметам, к которым у него нет интереса и способностей? Или, может быть, надо не столько заставлять учиться, сколько направлять и убеждать, помогать учиться?

Вы согласны с тем, что *«Звёзд делают мамы»* (то есть если матери заставляют детей постоянно заниматься, дети становятся выдающимися)? Вы знаете конкретные примеры?

5 강제적으로 교육을 시켜야 하는가? 아니면 전혀 그럴 필요가 없는가?

강압은 이미 알려진 바와 같이 나쁜 것이다. 교육에서는 특히 그러하다. 아이는 욕구와 흥미를 가지고 공부할 때만 조화롭게 발전한다. 하지만 아이는 체스를 두고 싶어하는데 그에게 음악을 가르치거나 그 반대의 경우도 있다. 강요된 것이 정말로 강요된 것으로 남는 경우도 가끔 있지만, 아이들이 자신들을 강제로 교육시키고 감독하고 벌을 주었던 부모에게 성년이 되어서 고맙다는 말을 하는 경우 역시 종종 있다. 부모에게 특히 감사하는 사람들은 어린 시절에 음악, 외국어와 같은 복잡한 과목들을 교육받은 이들이다. 강압적으로 교육받지 않은 이들은 나중에 자신의 부모를 책망한다: "왜 나를 공부하도록 강요하지 않았어요? 난 정말 어리석어서 무엇을 해야 하고 무엇을 안 해도 되는지 스스로는 이해할 수 없었어요." 드물게 예외적인 경우를 제외하면, 모든 아이들은 학교에 다니고 자발적으로 공부하는 것을 원하지 않는다.

당신은 어떻게 생각합니까, 아이가 흥미 없어 하고 능력도 되지 않는 과목들을 가르칠 필요가 있을까요? 그게 아니라면, 공부하도록 강요하기보다는 공부하도록 방향을 잡아주고 확신을 심어 주며 도와주는 것이 아마도 필요한 것일까요?

당신은 "스타를 만드는 것은 엄마이다"라는 말에 동의합니까?(즉, 어머니가 아이에게 항상 공부하도록 강요하면 아이는 뛰어난 사람이 되는 것일까요?) 당신은 구체적인 예들을 알고 있습니까?

유사한 의미를 가지는 다음 동사들의 용법상 차이를 알아보자. 일단, 첫 번째 동사를 제외한 나머지 세 가지 동사들은 모두 조격 명사와 결합한다는 사실을 유념해야 한다.

가. **контроли́ровать/проконтроли́ровать кого, что** ～을 감독하다(사람 또는 일이 제대로 기능을 하는지 감독하고 평가하고 교정하는 일)

· Роди́тели должны́ находи́ть вре́мя, что́бы контроли́ровать учёбу ребёнка по всем предме́там.

부모들은 모든 과목에 걸친 아이의 학습을 감독할 수 있는 시간을 내야 한다.

나. **управля́ть чем** ～을 조종하다, 관리하다(구성 요소들이 조화롭게, 문제 없이 실행되어 나갈 수 있도록 관리, 감독하는 일. кри́зисом, конфли́ктом, страно́й, автомоби́лем, коллекти́вом 등등과 결합할 수 있다)

· Управля́ть и небольши́м заво́дом, и больши́м госуда́рством одина́ково сло́жно. 작은 공장을 관리하는 것과 큰 나라를 통치하는 것은 똑같이 어렵다.

다. **руководи́ть кем, чем** ～을 지도하다, 주관하다(단체나 일의 방향과 계획을 수립하여 관리자로서 그 실행을 감독하는 일. коллекти́вом. компа́нией. рабо́тами 등등과 결합할 수 있다)

· Руководи́ть сбо́рной Росси́и по баскетбо́лу бу́дет Евге́ний Карата́ев.

러시아 농구 대표팀을 지도할 사람은 예브게니 카라타예프가 될 것이다.

참고) управлять와 руководить는 의미상 큰 차이가 없고 겹치는 부분이 상당히 있기에, 위 예들 중 коллективом 의 경우에서처럼 공통적으로 결합하는 명사들이 종종 있다.

라. **заве́довать чем** ～을 관리하다(어떤 단체의 장으로서 그 단체의 활동을 전체적으로 관리하는 일. ка́федрой, кли́никой, отделе́нием 등등 단체를 의미하는 다양한 명사들과 결합할 수 있다)

· Он у нас заве́дует отделе́нием хиру́ргии.

그는 우리 병원 외과를 관리하고 있다(=외과 과장이다).

Оди́н учёный сказа́л, что нау́ка должна́ быть весёлой, увлека́тельной и просто́й. И са́ми учёные должны́ быть просты́ми, весёлыми. Учи́ться на́до не со слеза́ми, а с ра́достью. Это так, по-ва́шему? Или всё равно́ неизбе́жны пот и тру́дности? Ведь учёба, как а́рмия: тре́бует дисципли́ны и во́ли.

А како́й должна́ быть шко́ла? Стро́гой, отчуждённой или доброжела́тельной?

И как вы ду́маете, что ле́гче – учи́ть кого́-то или учи́ться самому́?

6 학업 — 이것은 기분 좋은 것인가? 지루한 것인가?

어떤 학자가 학문은 기분 좋게 하고 흥미로우며 단순한 것이어야 한다고 말했다. 그리고 학자들 자신도 단순하고 쾌활해야 한다는 것이다. 공부는 눈물과 함께 하는 것이 아니라 기쁨과 함께 하는 것이어야 한다는 말이다. 당신 생각에는 그렇습니까? 아니면 어쨌든 땀과 어려움은 피할 수 없는 것일까요? 사실 학업은 군대와 같아서 규율과 의지력을 요구하니까요.

그렇다면 학교는 어때야 할까요? 엄격하고 고독한 곳이어야 할까요, 아니면 호의적이어야 할까요?

또한 당신은 어떻게 생각합니까, 누군가를 가르치는 것과 스스로 공부하는 것 중에서 무엇이 더 쉬울까요?

Экза́мены – э́то стресс. Поэ́тому ма́ло кто их лю́бит. Но есть мне́ние, что напряже́ние пе́ред экза́меном – еди́нственный спо́соб получи́ть удово́льствие по́сле экза́мена: удово́льствие от того́, что тру́дности преодолены́! А е́сли в жи́зни никогда́ нет напряже́ния, то нет и удово́льствия. Согла́сны?

Расскажи́те о са́мом тру́дном и са́мом лёгком экза́мене в ва́шей жи́зни.

시험 – 이것은 스트레스이다. 따라서 그것을 좋아하는 사람은 적다. 하지만 시험에 앞서 오는 긴장은 시험 후에 만족을 얻는 유일한 방법이라는 견해가 있다: 어려움이 극복되었다는 것에서 오는 만족감! 만일 삶에 긴장이 없다면 만족도 없다. 동의하십니까?

당신의 삶에서 가장 어려웠던, 그리고 가장 쉬웠던 시험에 대해 이야기해 보십시오.

주요 구문과 표현

ма́ло кто ~ ~인 사람은 적다

· Ма́ло кто из профессиона́льных педаго́гов уме́ет воспи́тывать со́бственных дете́й.

전문적인 교육자들 중에도 자신의 자식들을 교육할 수 있는 사람은 적다.

ма́ло что ~ ~인 것은 적다

· О том, что тако́е па́мять, да́же учёным до сих пор ма́ло что изве́стно.

기억이 무엇인가에 대해서는 지금까지 학자들에게도 알려진 것이 적다.

У иде́и *всео́бщего вы́сшего образова́ния* есть как сторо́нники, так и проти́вники. Сторо́нники счита́ют, что э́то прекра́сно, е́сли о́бщество состои́т то́лько из высокообразо́ванных люде́й. Проти́вники говоря́т, что настоя́щая высо́кая образо́ванность возмо́жна то́лько е́сли оди́н ребёнок обуча́ется одни́м педаго́гом по ка́ждому предме́ту (дома́шнее обуче́ние или обуче́ние в специа́льной эли́тной шко́ле). А совреме́нное сре́днее всео́бщее образова́ние (гру́ппа уча́щихся и оди́н педаго́г) – э́то ориента́ция на сре́дний у́ровень зна́ний. К тому́ же, е́сли вы́сшее образова́ние бу́дет у ка́ждого, не полу́чится ли, что тогда́ не́кому бу́дет выполня́ть чёрную рабо́ту?

Как вы нахо́дите, осуществи́ма ли иде́я всео́бщего вы́сшего образова́ния? Ну́жно ли оно́ о́бществу?

보편적인 고등 교육이라는 생각에 대해서는 지지자들이 있는 것처럼 반대자들도 있다. 지지자들은 만일 사회가 고등 교육을 받은 사람들로만 구성된다면 그것은 참 좋은 일이라고 생각한다. 반대자들이 말하는 것은, 한 아이가 매 과목당 한 교육자에 의해 교육을 받을 때만 진정한 고등 교육이 가능하다는 것이다 (가정에서의 교육, 혹은 특별한 엘리트 학교에서의 교육). 그런데 현대의 평균적인 고등 교육(학생 그룹에 대해 교육자 1명)은 평균적인 수준의 지식을 지향하고 있다. 게다가, 모두가 고등 교육을 받는다면 검은 일을 할 사람은 아무도 없게 되지 않을까?

보편적인 고등 교육이라는 생각이 실현 가능하다고 생각합니까? 그것이 사회에 필요할까요?

주요 구문과 표현

ориента́ция на что   ~을 지향함, ~을 목표(대상)로 삼음

· Во вкус́ах соврме́нной молодёжи чу́вствуется ориента́ция на
европе́йские станда́рты.
현대 젊은이들의 취향 속에는 유럽의 표준을 지향하는 것이 느껴진다.

Кто(Что) ориенти́рован на что   ~이 ~을 지향하고 있다, 목표(대상)로 삼고
있다.

· Ка́ждый специали́ст до́лжен быть ориенти́рован на то, что́бы постоя́нно
расширя́ть свой профессиона́льный кругозо́р.
모든 전문가들은 자신의 직업적인 시야를 꾸준히 넓히는 것을 목표로 삼아야 한다.

Права учеников, права учителей, права родителей

Расскажи́те, каки́ми вы ви́дите права́ ученико́в, учителе́й, роди́телей. Что им мо́жно де́лать, а что нельзя́? Мо́гут ли в шко́ле нака́зывать дете́й физи́чески? За что? И быва́ют ли слу́чаи, когда́ учителя́ то́же страда́ют от уча́щихся – мора́льно, материа́льно и да́же физи́чески?

학생, 교사, 부모의 권리는 어떠하다고 보는지 말해 보십시오. 그들은 무엇을 할 수 있고 무엇을 하면 안 됩니까? 학교에서 아이들을 육체적으로 처벌할 수 있을까요? 어떤 이유로요? 그리고 교사 역시 학생들로 인해 정신적으로, 물질적으로 그리고 심지어 육체적으로 고통을 받는 경우들이 있습니까?

В наши дни, когда коли́чество люде́й, не чита́ющих книг, стано́вится всё бо́льше, мне́ния о чте́нии раздели́лись. Одни́ счита́ют чте́ние исто́чником образова́ния, досту́пным любо́му челове́ку в любо́м во́зрасте. В Росси́и говоря́т так: «У интеллиге́нта не биогра́фия, а спи́сок прочи́танных книг», «Культу́ра – это не коли́чество прочи́танных книг, а коли́чество по́нятых», «Кни́га – храм мы́сли, духо́вное завеща́ние одного́ поколе́ния друго́му». Зна́ния, чте́ние никогда́ никому́ не вреди́ли, и е́сли не чита́ть книг – для культу́рного челове́ка э́то позо́р. Друго́е мне́ние заключа́ется в том, что кни́ги краду́т вре́мя и эмо́ции у настоя́щей жи́зни. Тем бо́лее, что есть мно́го плохи́х книг, поэ́тому лу́чше ничего́ не чита́ть, чем чита́ть что попа́ло. И е́сли со́бственная жизнь – как рома́н, то чте́ние вообще́ не ну́жно. Е́сли челове́к по́лностью ухо́дит в чте́ние и начина́ет жить то́лько жи́знью книг – э́то пло́хо. Кни́ги – это иску́сственный замени́тель настоя́щей, живо́й жи́зни.

А вы что ду́маете?

А совреме́нный ухо́д в Интерне́т, в виртуа́льную реа́льность – э́то то́же кра́жа вре́мени и эмо́ций у настоя́щей жи́зни, как ухо́д в чте́ние?

책을 읽지 않는 사람들의 숫자가 점점 많아지는 우리 시대에 책 읽기에 대한 견해는 갈라져 있다. 어떤 사람들은 책 읽기가 모든 연령대의 모든 사람이 접근 가능한 교육의 근원이라고 생각한다. 러시아에는 이런 말이 있다:《인텔리들에게는 (살아온 삶에 대한) 전기가 아니라 읽은 책의 목록이 있다.》,《교양 – 이것은 읽은 책의 숫자가 아니라 이해한 책의 숫자이다.》,《책은 사상의 사원이며 한 세대가 다른 세대에게 주는 정신적인 유언이다.》 지식과 책 읽기는 그 누구에게도 해를 준 적이 없기에, 책을 읽지 않는다면 그것은 교양 있는 사람에게는 수치이다. 다른 견해는 책이 실제 삶으로부터 시간과 감정을 훔쳐 간다는 것이다. 더군다나, 나쁜 책들도 많기 때문에 되는 대로 아무거나 읽는 것보다는 아무 것도 읽지 않는 것이 낫다는 것이다. 그리고 만약 자기 자신의 삶이 소설과 같다면 책 읽기는 전혀 필요치 않다. 만일 사람이 완전히 책 읽기에 빠져버려서 책에 써 있는 삶처럼만 살기 시작한다면 이것은 나쁜 일이다. 책 – 이것은 실제의, 생생한 삶에 대한 인공적인 대체물이다.

당신은 어떻게 생각합니까?

인터넷에 빠지고 가상 현실에 빠지는 현대의 모습 – 이것 역시 책에 빠지는 것처럼 실제 삶으로부터 시간과 감정을 도난 당하는 것일까요?

Кто-то сказа́л, что образова́ние помога́ет спра́виться со страда́ниями в жи́зни, удержа́ться в ней. Произведе́ния велича́йших умо́в челове́чества помога́ют нам поня́ть мир и своё ме́сто в нём. Образова́ние помога́ет заня́ть высо́кое положе́ние в о́бществе, дости́гнуть доста́тка и не боя́ться бу́дущего.

А други́е в э́то не ве́рят: о́пыт тысячеле́тий – ничто́, э́то о́пыт друго́го вре́мени и други́х усло́вий, сейча́с его́ примени́ть нельзя́. Зна́ния – ло́жная це́нность. Настоя́щие це́нности – э́то доброта́, гумани́зм, справедли́вость. Не секре́т, что не́которые лю́ди с вы́сшим образова́нием научи́лись то́лько презира́ть необразо́ванных, счита́ть их неу́чами, людьми́ со сло́манной судьбо́й.

Как вы ду́маете, у образо́ванных есть пра́во относи́ться снисходи́тельно к необразо́ванным? Или вы́сшим результа́том образова́ния должна́ быть, наоборо́т, терпи́мость?

Ве́рно ли говоря́т, что образо́ванность ума́ не прибавля́ет, прибавля́ет то́лько зарпла́ту?

Доброта́? Зна́ния? Терпи́мость? Что важне́е?

11 교육은 운명으로부터의 방어인가? 거만함으로부터의 방어인가?

교육은 삶의 고통을 헤쳐나가고 삶을 지탱해 나가는데 도움을 준다고 누군가가 말했다. 인류의 위대한 지성들의 작품들은 우리로 하여금 세상과 그 속에서의 우리 자신의 위치를 이해하게 만들어 준다. 교육은 사회에서 높은 위치를 차지하고 풍족함을 이루고 미래를 두려워하지 않도록 도와준다.

하지만 다른 사람들은 이점을 믿지 않는다: 수천 년의 경험은 아무 것도 아니며, 그것은 다른 시간과 다른 환경의 경험이기에 그것을 지금 적용시키는 것은 불가능하다. 지식은 거짓 가치이다. 진정한 가치 – 그것은 선량함, 인도주의, 공정성이다. 고등 교육을 받은 일부 사람들은 교육받지 못한 이들을 경멸하고 그들을 무식한 사람, 파괴된 운명을 가진 사람들로 취급하는 것만을 배웠다는 점은 비밀이 아니다.

당신은 어떻게 생각합니까, 교육받은 이들은 교육받지 못한 이들을 마음속으로 거만하게 대할 권리를 가지고 있습니까? 아니면 교육의 가장 높은 결과는 이와는 반대로 참을성이어야 하는 것일까요?

교육은 지성을 증가시키지 못하고 봉급만을 증가시킨다는 말이 맞을까요?

선량함? 지식? 참을성? 무엇이 더 중요할까요?

справля́ться/спра́виться с чем ~을 처리하다, ~을 다루다, ~에 대처하다

· Ка́ждый до́лжен учи́ться справля́ться со стре́ссами.

모든 사람은 스트레스에 대처하는 방법을 배워야 한다.

· Как мо́жно спра́виться с непослу́шным ребёнком?

말을 듣지 않는 아이는 어떻게 다루어야 할까요?

· Как помо́чь ребёнку успе́шно спра́виться с дома́шним зада́нием?

아이가 숙제를 잘 처리할 수 있도록 하려면 어떻게 도우면 됩니까?

1. Образо́ванный челове́к всегда́ счита́ет своё образова́ние незако́нченным.

2. Образова́ние помога́ет обрести́ себя́.

3. Не вся́кое зна́ние пригоди́тся в практи́ческой жи́зни, но вся́кое зна́ние развива́ет и воспи́тывает.

4. Кто у́чится, тот хо́чет жить ве́чно, а кто не у́чится, тот почти́ у́мер.

5. Три вы́сших образова́ния не заме́нят одного́ са́мообразования.

6. Не хвали́сь учи́телем, хвали́сь зна́ниями.

7. Без образова́ния лю́ди грубы́, бедны́, несча́стны.

8. Образова́ние как золото́й брасле́т на руке́. (восто́чная посло́вица).

1. Деба́ты в парла́менте: на́до ли открыва́ть шко́лы и университе́ты для пожилы́х. Их жизнь уже́ прошла́, заче́м им образова́ние?

    • деба́ты в парла́менте 의회에서의 토론

2. Ди́спут о чте́нии книг. Заче́м их чита́ть: почу́вствовать себя́ их геро́ями? Что тако́е *настоя́щая кни́га*? Кни́га, кото́рая меня́ет тебя́ как ли́чность? В среде́ интеллектуа́льной эли́ты чте́ние обяза́тельно *должно́ быть* всегда́ в мо́де?

    • среда́ интеллектуа́льной эли́ты 지적인 엘리트들의 무리

    • быть в мо́де 유행이다

3. *А*: Учёный-естествоиспыта́тель не мо́жет быть ве́рующим. *Б*: Ве́ра и нау́чная мысль – совмести́мы, не противоре́чат друг дру́гу.

4. Оди́н ю́ноша чита́ет и смо́трит то́лько детекти́вы, а друго́й счита́ет, что тако́го ро́да заня́тия – э́то бе́гство от жи́зни.

5. Вну́чка материа́льно обеспе́чена, и для её профе́ссии (фотомоде́ль) доста́точно шко́лы, но почему́-то она́ продолжа́ет учи́ться. Ба́бушка вспомина́ет шу́тку, что же́нщина должна́ быть образо́ванной, но не должна́ быть *учёной*... Вну́чка возмущена́ э́тим.

    • кто материа́льно обеспе́чен ~는 물질적으로 풍요하다

- кто возмущён чем ~는 ~에 격분했다

6. Сто́ит ли поступа́ть ещё раз в университе́т, в кото́рый тебя́ не при́няли?

7. Шко́льный ди́спут на те́му: «Ты есть то, что ты чита́ешь». Почему́ чте́ние лу́чше, чем телеви́зор? Нет рекла́мы? Ну́жно бо́льше ду́мать?
   - Ты есть то, что ты чита́ешь. 당신이 읽는 것이 바로 당신의 모습이다(사람이 읽은 책, 잡지 등등이 바로 그 사람의 인성과 성품을 알 수 있게 해 주는 지침이 된다는 의미).

8. Прогно́зы о бу́дущем кни́ги. Обы́чных (бума́жных) книг не бу́дет (то́лько букинисти́ческие)? Вся информа́ция бу́дет на ди́сках? Не жаль?
   - букинисти́ческая кни́га 고서적

9. Архите́кторы проекти́руют кни́жный магази́н. *А:* Он до́лжен вы́глядеть как суперма́ркет. *Б:* Э́то должно́ быть ую́тное, ли́чностное, инти́мное простра́нство.

10. Подозри́тельный мужчи́на про́сит учёных-хи́миков за больши́е де́ньги сде́лать иску́сственный нарко́тик. Оди́н из них согла́сен. Друго́й категори́чески про́тив.

11. *А:* На́до учи́ться 24 часа́ в су́тки! *Б:* Учи́ться мно́го – вре́дно: поте́ря зре́ния, психи́ческие сры́вы, искривле́ние позвоно́чника.

Ну́жно учи́ться с удово́льствием, но без фанати́зма!

12. *А*: У просты́х, необразо́ванных люде́й не́чему учи́ться. *Б*: *Ка́ждый* челове́к, кото́рого мы встреча́ем в жи́зни, мо́жет нам что́-то дать, чему́-то научи́ть...

1. Образо́ванные лю́ди – бу́дущее страны́.

2. Всео́бщее вы́сшее образова́ние – бла́го для о́бщества? (бла́го для о́бщества 사회를 위한 복(福))

3. Как учи́ться? Чему́ учи́ться? Заче́м учи́ться?

4. Дипло́м – вме́сто капита́ла и сосло́вия.

5. Что вы́брать: виртуа́льную реа́льность? Кни́гу? Жизнь?

6. Ско́лько на́до знать иностра́нных языко́в?

7. Как я получа́ю образова́ние у компью́тера.

8. Чем бо́льше зна́ешь, тем интере́снее жить.

9. Облагора́живает не зна́ние, а любо́вь к зна́ниям.

10. Ну́жно не отбыва́ть, а прожива́ть обуче́ние.
    - отбыва́ть обуче́ние 교육받는 것을 의미 없이, 무성의하게 대하다
    - прожива́ть обуче́ние 교육받는 것을 성의 있고 진실하게 대하다

Дополнительный материал 보충 자료

Познако́мьтесь с ру́сскими посло́вицами об образова́нии.

Скажи́те, кака́я вам бо́льше нра́вится и почему́.

교육에 대한 러시아 속담을 익혀보십시오. 어떤 것이 가장 마음에 들며 그 이유는 무엇입니까?

Ру́сские посло́вицы 러시아 속담

- Учи́ться никогда́ не ра́но и никогда́ не по́здно.

  배움의 시기는 빠를 때도 없고, 늦을 때도 없다.

- Век живи́, век учи́сь, а дурако́м умрёшь.

  100년을 살면서 배워도 결국은 바보로 죽게 된다(사람이 배워야 할 지식의 양은 그만큼

  많다는 뜻).

- От у́много нау́чишься, от глу́пого разу́чишься.

  현명한 이로부터 배우고, 어리석은 이에 의해 잊어버린다.

- Кто у́чится смо́лоду, не зна́ет на ста́рости го́лоду.

  젊어서 배운 사람은 나이 들어서 굶주리지 않는다.

- Учи́ други́х и сам нау́чишься. 다른 이를 가르치면 자신도 배우게 된다.

- Повторе́нье – мать уче́нья. 반복은 학습의 어머니이다.

- Сы́тое брю́хо к уче́нию глу́хо. 배가 부르면 공부에는 심드렁해진다.

- Голо́дное брю́хо к уче́нию глу́хо. 배가 고프면 공부에는 심드렁해진다.

- Кто хо́чет мно́го знать, тому́ на́до ма́ло спать.

  많이 알기를 원하는 사람은 적게 자야 한다.

삶과 죽음은 한 번만 주어진다

И жизнь одна, и смерть одна

Ра́зные живы́е существа́ живу́т по-ра́зному. Наприме́р, ры́ба щу́ка живёт 300 лет, черепа́ха – 170, попуга́й – 90, а кома́р – су́тки. А жизнь челове́ка коротка́ или длинна́, как вы ду́маете? Когда́ молоды́е лю́ди отвеча́ют на э́тот вопро́с, быва́ет два мне́ния: одни́ хотя́т жить как мо́жно до́льше, их не пуга́ет ста́рость, а други́е хотя́т жить то́лько бу́дучи молоды́ми, они́ не хотя́т дожива́ть до глубо́кой ста́рости. Ско́лько лет вы хоте́ли бы прожи́ть?

여러 생물들은 서로 다르게 산다. 예를 들어, 꼬치고기는 300년을 살고, 거북이는 170년, 앵무새는 90년, 그리고 모기는 하루를 산다. 그렇다면 사람의 삶은 당신이 생각하기에는 짧습니까, 깁니까? 젊은이들이 이 질문에 답할 때는 두 가지 견해가 나온다: 어떤 사람들은 가능한 한 길게 살고 싶어하며 늙는 것이 그들을 놀라게 하지 않는다. 그런데 다른 사람들은 오직 젊은 상태로만 살고 싶어하기에 아주 늦은 노년까지는 살고 싶어하지 않는다. 당신은 몇 년을 살고 싶습니까?

Одни́ мысли́тели рассужда́ют о челове́ке, как о чём-то о́чень ва́жном для Ко́смоса: счита́ют его́ венцо́м Вселе́нной, богоподо́бным гига́нтом. У него́ есть ДУХ, своё ме́сто в Бо́жьем за́мысле! А други́е разделя́ют то́чку зре́ния, что челове́к – всего́-на́всего «мы́слящий тростни́к», «червя́к полуразда́вленный». Он живёт до́лю косми́ческой секу́нды на плане́те-пыли́нке, зате́рянной в бесконе́чном Ко́смосе, его́ те́ло сме́ртно и, сле́довательно, он ничто́жен, уще́рбен. Каку́ю из э́тих то́чек зре́ния разделя́ете вы?

인간은 우주의 왕관인가 혹은 생각하는 갈대인가?

　어떤 사상가들은 인간이 대해 우주를 위해 아주 중요한 무엇인 것처럼 논한다: 그들은 인간을 우주의 왕관, 신을 닮은 거인이라고 생각한다. 인간에게는 영혼이 있고, 신의 구상 속에서 자신의 위치가 있다! 하지만 다른 사람들은 인간이 기껏해봤자 《생각하는 갈대》,《반쯤 짓이겨진 애벌레》에 불과하다는 관점을 공유하고 있다. 그는 끝없는 우주 속에서 보이지도 않을 먼지와 같은 행성에서 우주 속 1초의 몫을 살며 그의 몸은 죽음을 맞이하게 되어 있으므로, 따라서 그는 보잘것없으며 점차 손상되어가는 존재이다. 당신은 이 관점들 중 어떤 것에 공감합니까?

1. 이번 주제에서 자주 등장하게 될 полага́ть , размышля́ть, рассужда́ть의 차이에 대해 알아보자.

가. полага́ть ~라고 생각하다(думать, счита́ть와 유사한 뜻이며 '추측'의 뉘앙스가 조금 더 있다는 것이 차이점이다)

· Я полага́ю, что вам нужна́ моя́ по́мощь.

당신에게는 나의 도움이 필요할 거라고 생각합니다.

나. размышля́ть/размы́слить о чём ~에 대해 숙고하다(무엇인가의 의미를 이해하기 위해 깊이, 여러 방면에서 생각해 본다는 뜻)

· Размышля́ть о жи́зни и сме́рти поле́зно в любо́м во́зрасте.

삶과 죽음에 대해 숙고해 보는 것은 어떤 나이에서든지 유익한 일이다.

다. рассужда́ть о чём 판단 내리다, ~에 대해 논하다(~에 대한 결론으로서의 판단을 내린다는 뜻도 있지만, 한편으로는 ~에 대한 생각을 논리적으로 말한다는 뜻도 가지고 있다)

· Ты непра́вильно рассужда́ешь. 너는 잘못된 판단을 내리고 있어.
· Ребёнок ма́ленький, но лю́бит рассужда́ть о жи́зни, как взро́слый

아이는 어리지만 마치 어른처럼 삶에 대해서 논하기를 좋아한다.

2. разделя́ть мне́ние (взгляд, то́чку зре́ния) 견해(시각, 관점)를 같이 하다, 공유하다(~에 동조하다, 공감하다)

· Мно́гие счита́ют, что разво́д – это пло́хо, но я не разделя́ю тако́го мне́ния (тако́го взгля́да): разво́д – это свобо́да вы́бора.

많은 사람들이 이혼은 나쁜 것이라 생각하지만 나는 그런 견해에(그런 시각에) 동조하지 않는다: 이혼은 선택의 자유이다.

Вопро́с об акти́вной эфтана́зии (бы́строй и безболе́зненной сме́рти по про́сьбе больно́го, кото́рый хо́чет уйти́ от страда́ний и умере́ть) в на́ши дни приобрета́ет всё бо́льшую актуа́льность.

Кто-то счита́ет, что эфтана́зия должна́ быть официа́льно разрешена́. Эфтана́зия – акт милосе́рдия, гума́нная смерть. Ведь е́сли челове́к хо́чет уйти́ из жи́зни, он всё равно́ это сде́лает сам. Гла́вное – свобо́дный вы́бор челове́ка. То́лько э́то до́лжен де́лать не врач, ина́че врача́м переста́нут доверя́ть.

Проти́вники эфтана́зии убеждены́, что она́ недопусти́ма. Вопро́с о сме́рти и прекраще́нии страда́ний реша́ет то́лько Бог и бо́льше никто́. Эфтана́зия – это бана́льное убийство.

Вы счита́ете эту пробле́му разреши́мой или неразреши́мой? Ва́ше мне́ние и ва́ши приме́ры!

능동적인 안락사(고통으로부터 벗어나 죽고 싶어하는 환자의 요청에 의한 신속하고도 통증 없는 죽음)의 문제는 오늘날 점점 더 큰 현실적 중요성을 가지게 되었다.

어떤 사람은 안락사가 공식적으로 허가되어야 한다고 생각한다. 안락사는 자비로운 행위이며 인도적인 죽음이다. 사실 사람이 삶으로부터 떠나고 싶어한다면 그는 어쨌든 스스로 그렇게 할 것이기 때문이다. 중요한 것은 인간이 자유롭게 선택할 수 있다는 것이다. 단지 그것을 행할 사람은 의사이어서는 안 된다, 그렇지 않으면 의사들을 신뢰하지 않게 될 것이기 때문이다.

안락사에 반대하는 사람들은 그것이 허용될 수 없는 일이라고 확신한다. 죽음, 그리고 고통의 중지에 대한 문제는 다른 누구도 아닌 오직 신만이 결정한다. 안락사 – 이것은 진부한 살인이다(흔히 발생하는 살인과 다름없다).

당신은 이 문제가 해결 가능하다고 혹은 해결 불가능하다고 보십니까? 당신의 의견과 예를 말해 보십시오.

주요 구문과 표현

приобрета́ть/приобрести́ + значе́ние (ва́жность, актуа́льность) 의미를 (중요성을, 현실적 중요성을) 획득하다(가지게 되다)

· В на́ши дни приобрёл большо́е значе́ние вопро́с о том, как приучи́ть чита́ть кни́ги «компью́терное поколе́ние» дете́й.

오늘날 컴퓨터화된 아이들 세대로 하여금 어떻게 하면 책을 읽도록 가르칠 수 있을 것인가의 문제는 커다란 의미를 가지게 되었다.

Самоубийство по-разному оценивается с точки зрения разных культур. В одних оно осуждается как большой грех, в других – в некоторых ситуациях допускается.

Те, кто осуждает самоубийство, приводят такие аргументы. Во-первых, самоубийство – это эгоизм: человек забывает, как больно будет другим его потерять. Во-вторых, самоубийца считает, что его «крест», его страдания тяжелее, чем у других людей. В-третьих, он слишком горд: не верит, что другие помогли бы ему, поэтому никого не просит о помощи. В-четвёртых, самоубийца недооценивает великий дар жизни, ведь любая жизнь, даже трудная или неудачная – это большая ценность. В-пятых, у него есть надежда, что он умрёт, а потом воскреснет: особенно часто так думают дети-самоубийцы, которые хотят своей смертью наказать кого-нибудь. Но смерть не шутит, назад пути нет.

Как вы считаете, у человека есть право на смерть (так же, как на жизнь)? Или самоубийство – это позор и вина? Или добровольный уход из жизни– это ни хорошо и ни плохо, и всё зависит от конкретных обстоятельств?

В чём причина самоубийств – в трагической ситуации или в отношении человека к этой ситуации? Как научиться терпеть боль и преодолевать страдания жизни: через размышление, творчество, общение, самосовершенствование? Надо ли, по-вашему, чаще думать о горе других людей, чтобы не считать себя несчастнее других?

자살은 다양한 문화의 관점마다 서로 다르게 평가된다. 어떤 문화에서는 자살이 큰 죄악으로 비난받고, 다른 문화에서는 몇몇 상황에서 용인된다. 자살을 비난하는 사람들은 다음과 같은 근거를 들고 있다. 첫째, 자살 – 이것은 이기주의이다: 사람은 그를 잃는 것이 다른 사람들에게 얼마나 고통스러울지를 잊어버린다. 둘째로, 자살하는 사람은 다른 사람들보다 그의《십자가》, 그의 고통이 더 심하다고 생각한다. 셋째로, 그는 너무 자존심이 강하: 다른 사람들이 그를 도울 수 있다는 것을 믿지 않기에 아무에게도 도움을 청하지 않는 것이다. 넷째로, 자살하는 사람들은 삶이라는 위대한 선물을 과소평가하는데, 사실 어떠한 삶이든, 힘이 들든 성공적이지 않든, 그것은 큰 가치가 있는 것이다. 다섯째로, 그에게는 죽고 나서 다시 태어날 것이라는 희망이 있는데, 자신의 죽음으로써 누군가를 벌주고 싶어하는 어린이 자살자들이 특히 자주 그렇게 생각한다. 하지만 자살은 농담을 하지 않고, 되돌아오는 길은 없다.

당신은 어떻게 생각합니까, 인간에게는 자살의 권리가 있을까요?(삶의 권리가 있는 것처럼) 아니면 자살은 수치와 죄악일까요? 혹은 삶으로부터 자발적으로 떠나는 것은 좋지도 나쁘지도 않은 것이고 모든 것은 구체적인 상황에 달려 있는 것일까요?

자살의 원인은 무엇에 있는가 – 비극적인 상황에 있는가 혹은 그 상황에 대한 인간의 태도에 있는가? 고통을 참고 괴로움을 극복하는 방법은 어떻게 배울 수 있을까: 명상을 통해서, 창작을 통해서, 사람 교제를 통해서, 자기 완성을 통해서? 당신이 보기엔 자신을 다른 사람들보다 불행한 사람이라고 생각지 않기 위해서는 다른 사람들의 슬픔에 대해 더 자주 생각할 필요가 있는 것 같습니까?

приводить/привести + аргумент 논증하다, 논리적 근거를 대다

· Вы должны́ привести́ аргуме́нты, почему́ ваш прое́кт лу́чше прое́ктов други́х инжене́ров.

당신은 자신의 계획안이 왜 다른 기술자들의 것보다 더 나은지 근거를 대야 합니다.

· Каки́е аргуме́нты мо́жно привести́ про́тив эвтана́зии?

안락사에 반대하려면 어떤 논리적 근거를 대야 할까?

Как пра́вило, лю́ди о́чень боя́тся сме́рти. Кака́я гла́вная причи́на стра́ха сме́рти, как вы ду́маете? Мо́жет быть, причи́на – атеи́зм, отсу́тствие ве́ры? Или разлу́ка со все́ми (смерть – это по́лное одино́чество)? Или ни́зкая о́бщая культу́ра (челове́к в свое́й жи́зни не заду́мывается ни о чём, в том числе́ и о сме́рти)? Или нечи́стая со́весть? Ведь стра́шно умира́ть, соверши́в что́-то плохо́е, что нельзя́ испра́вить. А с чи́стой со́вестью умира́ть ле́гче, потому́ что челове́к никому́ не причини́л зла и сде́лал для други́х всё, что мог. А мо́жет быть, страх сме́рти – это врождённый инсти́нкт?

5 인간은 왜 죽음을 두려워하는가?

　일반적으로 사람들은 죽음을 매우 두려워한다. 죽음의 공포가 발생하는 중요한 이유는 무엇이라고 생각합니까? 어쩌면 그 원인이 무신론과 신앙의 부재에 있는 것일까요? 혹은 모든 이들과의 헤어짐에 있는 것일까요?(죽음 - 이것은 완벽한 고독이다) 또는 일반적인 교양 수준이 낮아서 그런 것일까요?(사는 동안 죽음을 포함하여 그 어떤 것에 대해서도 깊이 생각해 보지 않는 사람의 경우) 혹은 양심이 깨끗하지 못해서? 사실 바로 잡을 수 없는 나쁜 무엇인가를 저지르고 죽는다는 것은 끔찍한 일이니까요. 하지만 깨끗한 양심을 가지고 죽는 것은 더 쉬운데, 그 이유는 아무에게도 해를 가하지 않았고 다른 이들을 위해서 할 수 있는 한 모든 것을 했기 때문입니다. 어쩌면 죽음에 대한 공포 - 이것은 타고난 본능이 아닐까요?

причиня́ть/причини́ть кому зло, вред, ущерб ~에게 해악·해·손

해를 가하다(끼치다)

- Он причини́л мно́го зла лю́дям: ворова́л, обма́нывал, убива́л.

  그는 사람들에게 많은 해악을 끼쳤다: 도둑질하고 속이고 죽였다.

- Не причиня́й никому́ вреда́ – и твоя́ со́весть бу́дет споко́йна.

  아무에게도 해를 가하지 말라 – 그러면 너의 양심이 편안해질 것이다.

- Да́же ма́ленькая ава́рия на доро́ге причиня́ет материа́льный ущерб.

  길에서의 작은 사고도 물질적인 손해를 끼친다.

참고) '악' 또는 '해악'이란 의미로서의 зло는 물질적, 정신적, 윤리적, 종교적 의미까지를 폭넓

게 포함하며, '해'라는 의미의 вред는 일상 생활 전반에서의 부정적 행위로 인한 피해를

의미한다. ущерб는 대개 물질적인 손실이 초래된 것을 뜻한다.

Не́которые ду́мают, что смерть – э́то абсолю́тный коне́ц и души́ и те́ла, потому́ что и то, и друго́е сме́ртно. Поэ́тому зада́ча челове́ка – сде́лать те́ло бессме́ртным благодаря́ медици́не. Други́е полага́ют, что те́ло сме́ртно, а душа́ бессме́ртна: по́сле сме́рти те́ла душа́ продолжа́ет свою́ ве́чную и прекра́сную жизнь в Ко́смосе. Тре́тьи согла́сны с тем, что по́сле сме́рти те́ла душа́ ухо́дит в Ко́смос, но пото́м сно́ва возвраща́ется на зе́млю, воплоща́ясь в друго́е те́ло.

Кака́я из э́тих то́чек зре́ния вам бли́же? Хоте́ли бы вы, что́бы лю́ди жи́ли ве́чно, получи́ли физи́ческое бессме́ртие? Дли́тельное существова́ние – э́то интере́сно?

어떤 사람들은 죽음이 영혼과 육체의 절대적인 종말이라고 생각하는데, 그 이유는 이 둘 다가 죽을 수밖에 없는 것들이기 때문이다. 따라서 인간의 과제는 의학의 힘을 입어 육체를 불사의 것으로 만드는 일이다. 다른 사람들은 육체는 죽을 수밖에 없지만 영혼은 죽지 않는다고 생각한다: 육체의 죽음 후에 영혼은 우주 속에서 자신의 영원하고도 아름다운 삶을 계속한다. 또 다른 사람들은 육체의 죽음 후에 영혼이 우주로 떠나지만 그 후에 다른 몸으로 구현되면서 다시 지상으로 돌아온다는 것에 동의한다.

이 관점들 중 어떤 것이 더 당신 생각에 가깝습니까? 당신은 사람들이 영원히 살고 육체의 불사를 얻었으면 좋겠습니까? 오래 지속되는 생존 – 그것이 재미있을까요?

воплоща́ть/воплоти́ть что (во что) ~을 (~으로) 구현하다, 형상화하다, 실현하다

воплоща́ться/воплоти́ться (во что) (~으로) 구현되다, 형상화되다, 실현되다

· Он воплоти́л иде́ю романти́зма в о́бразе герои́ни.

그는 여주인공의 모습 속에서 낭만주의의 관념을 구현했다(형상화했다, 실현했다).

· Мечты́ на́до воплоща́ть в жизнь.

꿈은 삶으로 실현시켜야 한다.

· Есть мне́ние, что по́сле сме́рти те́ла душа́ челове́ка воплоща́ется в дере́вья и цветы́.

신체의 죽음 이후에 인간의 영혼은 나무와 꽃으로 구현된다(형상화된다)는 견해가 있다.

Те, кто не признаёт ни физи́ческого бессме́ртия, ни бессме́ртия души́ и ду́ха, счита́ют, что есть символи́ческое бессме́ртие челове́ка.

1. Биологи́ческое бессме́ртие – в пото́мках: де́тях, вну́ках, пра́внуках.

2. Челове́к продолжа́ется в приро́де: стано́вится цвета́ми и траво́й…

3. Бессме́ртие нам даёт на́ше тво́рчество: кни́ги, карти́ны, скульпту́ры, му́зыка…

4. Бессме́ртие – это сохране́ние ли́чности в виртуа́льной реа́льности или в ви́де ро́бота.

5. Бессме́ртие для геро́я – это па́мять о нём люде́й, за кото́рых он о́тдал жизнь. Сла́ва геро́я – лу́чшее бессме́ртие!

6. Есть ка́чественное бессме́ртие – насы́щенная, полноце́нная, счастли́вая жизнь, пусть да́же коро́ткая. Если абсолю́тное сча́стье бы́ло, то нева́жно, как до́лго оно́ продолжа́лось – оди́н день или со́тни лет. На́до жить по́лной жи́знью, брать от жи́зни всё, жить здесь и сейча́с.

Кака́я то́чка зре́ния наибо́лее (наиме́нее) убеди́тельна? Како́го символи́ческого бессме́ртия вы бы хоте́ли себе́, свои́м бли́зким?

육체의 불멸과 영혼과 정신의 불멸을 인정하지 않는 사람들은 인간에게는 상징적인 불사가 있다고 생각한다.

1. 생물학적인 불사 – 후손들 속에서: 자식들, 손자들, 증손자들

2. 인간은 자연 속에서 계속된다: 꽃과 풀이 된다…

3. 우리에게 불사를 주는 것은 우리의 창작물들이다: 책, 그림, 조각, 음악…

4. 불사 – 이것은 가상 현실 속에서 또는 로보트의 모습으로 인성이 보존되는 것이다

5. 영웅에게 불사는 그가 생명을 바친 사람들이 그에 대해 기억하는 것이다. 영웅의 영광은 가장 훌륭한 불사이다!

6. 질이 우수한 불사가 있다 – 짧다 하더라도 충만하고 가치있고 행복한 삶. 절대적인 행복이 있었다면 그것이 얼마나 지속되었는지는 중요치 않다 – 하루일 수도 수백 년일 수도 있다. 충만한 삶을 살아야 하고, 삶으로부터 모든 것을 취해야 하고, 여기 이 순간에 살아야 한다.

어떠한 관점이 가장(가장 덜) 믿을만 합니까? 당신은 자기 자신에게, 가까운 이들에게 어떠한 상징적 불사를 기원하고 싶습니까?

отда́ть что кому́(чему́) 또는 за что ~을 ~에게 바치다, ~을 위해서 바치다

· Она́ отдала́ всю свою́ мо́лодость му́жу и де́тям.

  그녀는 자신의 온 젊음을 남편과 아이들에게 바쳤다.

· На войне́ солда́ты и офице́ры отдаю́т свою́ жизнь за ро́дину и её

  незави́симость.

  전쟁에서 군인들과 장교들은 조국과 독립을 위해 자신의 생명을 바친다.

Человек живёт всё дольше и дольше. Медицина научилась пересаживать органы (для продления жизни можно купить ткани и органы: глаз, почку, кожу, кровь и т.д.), но это породило новые проблемы. К примеру, проблема поиска донора. Повсеместно появились «очереди на органы». В связи с этим возникла опасность торговли органами и преступлений на этой почве. Другая проблема: в некоторых странах состоятельные люди покупают ткани и органы у малоимущих, после чего здоровье последних сильно ухудшается. Но самая главная проблема другая: что считать «смертью», после которой можно брать органы из тела? Смерть мозга или остановку сердца? Ведь если останавливается только сердце, мозг может продолжать жить ещё около десяти минут и в реанимации человека могут вернуть к жизни. А если наоборот – умер мозг, а сердце ещё бьётся – человек даже в реанимации через некоторое время всё равно умрёт.

Как вам кажется, всё это только медицинские или также этические и юридические проблемы? Кто может взять на себя ответственность принять новую концепцию смерти (смерть – это смерть мозга)? Отдельные авторитетные учёные? Всё человечество в целом?

Что пи́шут, говоря́т об э́том в ва́шей стране́? Мо́жно ли согласи́ться с людьми́, кото́рые утвержда́ют, что иску́сственно продлева́ть жизнь – безда́рно, некраси́во, бессмы́сленно и поэтому не нужно?

인간은 점점 더 오래 살고 있다. 의학은 장기들을 이식하는 방법을 배웠으나 (생명 연장을 위하여 조직과 장기를 살 수 있다: 눈, 신장, 피부, 피 등등) 이것은 새로운 문제들을 낳았다. 예를 들어 기증자를 찾는 문제이다. 도처에서 《장기를 위한 줄》이 출현했다. 이와 관련해 장기 매매와 그것에 근거한 범죄의 위험성이 발생했다. 다른 문제도 있다: 어떤 나라들에서는 잘 사는 사람들이 돈이 없는 사람들로부터 조직과 장기를 구입하는데, 그 다음에 후자의 건강이 심하게 악화되는 경우가 있다. 하지만 가장 중요한 문제는 다른 것이다: 무엇을 《죽음》이라고 간주해야 그 후에 신체로부터 장기를 적출할 수 있을까? 뇌의 죽음 혹은 심장의 정지? 사실 심장만이 정지해도 뇌는 대략 10분쯤 더 살아있을 수 있으며 소생술을 통해 사람을 살려낼 수 있기 때문이다. 그런데 반대로 뇌가 죽었고 심장은 아직 뛰고 있다면 사람은 소생술을 통해도 얼마의 시간이 지나면 어쨌든 죽게 된다.

당신에게는 어떻게 보입니까, 이 모든 것은 단지 의학적인 문제들일까요, 아니면 윤리적이며 법적인 문제이기도 한 것일까요? 죽음에 대한 새로운 개념을 도입하는 것에 대해 책임을 질 수 있는 사람은 누구일까요?(죽음은 뇌의 죽음?) 개별적인 권위있는 학자들? 모든 인류 전체?

당신 나라에서는 이에 대해 무엇이라 쓰고 말들을 합니까? 인위적으로 삶을 연장하는 것은 치졸하고 아름답지 못하고 무의미하며 따라서 필요없다고 주장하는 사람들에게 동의할 수 있겠습니까?

Ра́зные мировоззре́ния по-ра́зному оце́нивают жизнь и смерть. Вот не́которые из них.

1. И жизнь, и смерть – э́то зло. Ка́ждый челове́к в конце́ жи́зни прихо́дит к разочарова́нию и в лю́дях, и в жи́зни, а иногда́ и в само́м себе́...

2. Жизнь – э́то добро́, а смерть – э́то зло. Смерть напомина́ет, что у нас нет вла́сти над приро́дой, а у приро́ды над на́ми – есть. Смерть – э́то страда́ние, глу́пая, бессмы́сленная, оби́дная, гря́зная, жа́лкая, посты́дная вещь. Я умру́, а мир, как кто-то сказа́л, бу́дет продолжа́ть свой весёлый путь, как бу́дто меня́ никогда́ не́ было...

3. Смерть, как и жизнь, – э́то добро́, так как смерть пока́зывает це́нность жи́зни и напомина́ет, что ну́жно дорожи́ть ка́ждым челове́ком, незави́симо от по́ла, цве́та ко́жи, иму́щественного положе́ния и спосо́бностей. Ведь то, что объединя́ет люде́й – смерть, – э́то абсолю́тно, а то, что разъединя́ет (де́ньги, власть, пол, во́зраст), о́чень относи́тельно. Ва́жно та́кже, что смерть заставля́ет серьёзно заду́маться о том, как лу́чше прожи́ть жизнь, что́бы пе́ред сме́ртью не сожале́ть о неуда́чной жи́зни, она́ пока́зывает, что всё материа́льное бре́нно, гла́вное – жизнь души́. И ещё аргуме́нт: смерть – коне́ц всех

земны́х страда́ний, нача́ло увлека́тельного путеше́ствия в мир неизве́данного. Наконец, смерть – это та́йна, а зна́чит – сти́мул для размышле́ний, разви́тия. Ча́сто то́лько пе́ред сме́ртью челове́к начина́ет понима́ть, где и́стинные, а где мни́мые, фальши́вые це́нности.

4. Смерть – зло, но зло необходи́мое. Если не бу́дет сме́рти, не бу́дет сме́ны поколе́ний.

А как по-ва́шему, смерть – это добро́ или зло?

9 죽음은 선인가 악인가?

다양한 세계관들은 삶과 죽음을 서로 다르게 평가한다. 그 중 몇 개를 보자.

1. 삶도 죽음도 악이다. 모든 사람은 삶의 끝에 가면 사람들에 대한, 삶에 대한, 가끔은 자기 자신에 대해서도 실망을 하게 된다.

2. 삶은 선이고 죽음은 악이다. 죽음은 우리가 자연에 대해 권력을 가지지 못하지만 자연은 우리에게 권력을 가진다는 사실을 상기시켜 준다. 죽음은 고통이며, 어리석고 무의미하여 기분나쁘고 더럽고 불쌍하고 수치스러운 것이다. 누군가 말했듯이, 나는 죽지만 세상은 마치 내가 전혀 없었던 것처럼 자신의 명랑한 길을 계속 갈 것이다.

3. 삶과 마찬가지로 죽음도 선이다. 죽음은 삶의 가치를 보여주고 성과 피부색과 재산 상태와 능력에 관계 없이 모든 사람을 소중히 여겨야 한다는 점을 상기시켜 주기 때문이다. 사실 사람들을 연합시켜 주는 것은 죽음이며 이것은 절대적인 것인데, 사람들을 분리시키는 것(돈, 권력, 성, 나이)은 매우 상대적인 것들이다. 죽음은 죽음을 앞두고 실패한 삶에 대해 후회하지 않으려면 어떻게 삶을 살아가야 하는지 심각하게 깊이 생각해 보도록 만들며, 모든 물질적인 것은 무상하며 중요한 것은 영혼의 삶이라는 것을 보여준다는 점 역시 중요하다. 그리고 근거가 한 개 더 있다: 죽음은 모든 지상의 고통의 끝이며 미지의 세계로의 매력적인 여행의 시작이다. 마지막으로 죽음은 신비이기에 명상과 발전을 위한 동기가 된다. 인간은 죽음을 앞두고서야 진실한 가치가 어디 있는지, 가상이며 허위의 가치는 어디 있는지 이해하게 되는 일이 종종 있다.

4. 죽음은 악이지만 피할 수 없는 악이다. 죽음이 없다면 세대의 교체도 없을 것이다.

당신의 생각에, 죽음은 선입니까, 악입니까?

Изве́стно, что пожилы́е лю́ди дорожа́т ка́ждым ча́сом, потому́ что жить им оста́лось сравни́тельно недо́лго. Но филосо́фы у́чат, что не то́лько пожило́й, но и о́чень молодо́й челове́к ка́ждый день до́лжен жить как после́дний, цени́ть часы́, мину́ты и да́же секу́нды. Иногда́ доста́точно одного́ дня, что́бы узна́ть, что тако́е настоя́щее сча́стье. На́до жить с интере́сом, сча́стливо, наслажда́ться жи́знью, доверя́ть жи́зни и люби́ть её, не жить однообра́зной жи́знью… Жизнь на́до прожива́ть сейча́с, её нельзя́ откла́дывать, она́ прохо́дит мгнове́нно: начина́ется без репети́ций и ухо́дит бесшу́мно, не проща́ясь, без дубле́й. Её нельзя́ прожи́ть ещё раз или обменя́ть на другу́ю.

Вы про́бовали прожи́ть хотя́ бы оди́н день так, как е́сли бы он был после́дний?

  노년의 사람들은 살 시간이 비교적 얼마 남지 않았기 때문에 매 시간을 소중히 한다고 알려져 있다. 하지만 철학자들은 노인뿐 아니라 젊은이도 하루하루를 마지막 날처럼 살아야 하며 시간, 분, 심지어 초까지도 가치있게 여겨야 한다고 가르친다. 진짜 행복이 무엇인가를 알기 위해서는 간혹 하루면 충분할 때도 있다. 흥미를 가지고 행복하게 살아야 하며, 삶을 즐기고 삶을 신뢰하며 삶을 사랑해야 하며, 단조로운 삶을 살지 말아야 한다… 현재의 삶을 살아야 하며 미루면 안 된다, 그것은 순식간에 흘러가 버리기 때문이다: 예행 연습 없이 시작되고 소리 없이 작별 인사도 하지 않고 다시 반복할 수도 없이 떠나가 버린다. 삶은 한 번 더 살거나 다른 것으로 교환할 수 없다.

  당신은 단 하루라도 그것이 마치 마지막 날인 것처럼 살려고 해본 적이 있습니까?

1. доста́точно + 생격 명사, что́бы + 동사원형 ~하기 위해서는 ~면 충분하다

· У меня́ хоро́шая па́мять: мне доста́точно двух часо́в, что́бы вы́учить наизу́сть стихотворе́ние.

나는 기억력이 좋다: 시를 외우기 위해서는 두 시간이면 충분하다.

· Иногда́ доста́точно всего́ одного́ тёплого сло́ва от люби́мого челове́ка, что́бы пото́м весь день ходи́ть с улы́бкой на лице́.

가끔은 사랑하는 사람으로부터의 따뜻한 말 한마디면 하루종일 얼굴에 미소를 띠고 다니기에 충분할 때가 있다.

2. обме́нивать/обменя́ть что на что ~을 ~으로 교환하다

· Сейча́с во всех ба́нках мо́жно обменя́ть ме́стную валю́ту на до́ллары и е́вро. 현재 모든 은행들에서 지역 화폐를 달러와 유로로 교환할 수 있다.

обме́ниваться/обменя́ться чем (복수조격) ~을 서로 교환하다

· Дава́йте обменя́емся телефо́нами и име́йлами, что́бы быть в конта́кте.

연락할 수 있도록 전화 번호들과 이메일 주소들을 서로 교환합시다.

Говоря́т, что е́сли челове́к по́нял своё предназначе́ние в жи́зни, он обрета́ет полноту́ жи́зни и гармо́нию. Но как поня́ть своё предназначе́ние, смысл свое́й жи́зни?

Встреча́ются лю́ди, кото́рым и жизнь, и смерть ка́жутся одина́ково бессмы́сленными. Ведь да́же е́сли мы сча́стливы, мы всё равно́ умрём. И да́же е́сли мы живём для сча́стья други́х, в э́том нет смы́сла: и э́ти «други́е» умру́т, и сама́ плане́та мо́жет поги́бнуть.

А у други́х смысл жи́зни (т.е. кака́я-то её цель, что-то свято́е) есть. Таки́е лю́ди обы́чно боя́тся сме́рти немно́го ме́ньше: е́сли цель дости́гнута, е́сли челове́к послужи́л свои́м идеа́лам, как мог, то смерть уже́ ничего́ не меня́ет.

Каки́м мо́жет быть смысл жи́зни? Вот ра́зные то́чки зре́ния:

1. Смысл жи́зни – сама́ жизнь, наслажде́ния жи́зни, её ра́дости, и, как сказа́л поэ́т, «сча́стье ти́хое», «дыша́ть и жить». Необяза́тельно соверша́ть что-то значи́тельное. Цель – жизнь, а не «цель».

2. Смысл жи́зни – бесконе́чный по́иск и реализа́ция самого́ себя́, стремле́ние к со́бственному совершенству: правди́вость, доброта́, и́скренность, красота́, оптими́зм, справедли́вость и поря́дочность, есте́ственность, организо́ванность, результати́вность де́ятельности.

3. Смысл жи́зни – созерца́ние, уедине́ние, достиже́ние просветле́ния собственными усилиями, самосоверше́нствова¬ние, служе́ние Бо́гу, подгото́вка к встре́че с ним. В жи́зни на́до сде́лать что-то значи́тельное, чтобы «не обману́ть любо́вь Бо́га». На́до стреми́ться поня́ть своё предназначе́ние.

4. Смысл жи́зни – отноше́ния с людьми́ и служе́ние лю́дям. Это любо́вь, дру́жба, семья́, че́стный труд, защи́та Ро́дины, разви́тие нау́ки, служе́ние иску́сству, благотвори́тельность и т.д.

5. Смысл жизни – гармо́ния в душе́, кото́рая достига́ется че́рез моли́тву или и́споведь, че́рез созерца́ние приро́ды, тво́рчество...

6. Смысл жи́зни – достиже́ние незави́симости, про́чного материа́льного доста́тка и вла́сти, кото́рая даёт до́ступ ко всем бла́гам о́бщества.

7. Смысл жи́зни – пройти́ все жи́зненные испыта́ния с досто́инством, преодоле́ть жесто́кость люде́й и жи́зни, вы́стоять во всех тру́дностях и оста́ться челове́ком, уйти́ из жи́зни непобеждённым и не озло́бившимся. Несмотря́ на все у́жасы судьбы́, держа́ть себя́ в рука́х, не опуска́ться.

Како́й смысл жи́зни вам ка́жется досто́йным челове́ка, а како́й – нет? Мо́жно ли навя́зывать друго́му челове́ку смысл жи́зни или ка́ждый до́лжен вы́брать его́ сам? У мужчи́ны и же́нщины, у ста́рого и молодо́го – смы́слы, це́ли жи́зни ра́зные или одина́ковые? А что сильне́е сме́рти, по-ва́шему? Любо́вь? Дру́жба? Тво́рчество?

인간이 삶에서 자신의 숙명을 이해했다면 그는 충만한 삶과 조화를 얻을 수 있을 것이라는 말이 있다. 하지만 자신의 숙명, 자신의 삶의 의미를 어떻게 하면 알 수 있을까? 삶과 죽음이 똑같이 의미없어 보이는 사람들을 볼 수 있다. 사실 우리는 행복하다 할지라도 어쨌든 죽을 것이기 때문이다. 그리고 우리가 다른 사람들의 행복을 위해 산다 할지라도 이것에도 의미는 없다: 이《다른》사람들도 죽을 것이고 행성 자체도 사멸될 수 있기 때문이다.

하지만 다른 사람들에게는 삶의 의미(즉 그 목표, 무언가 성스러운 것)가 있다. 그런 사람들은 대개 죽음을 좀 덜 두려워한다: 만일 목표가 달성되었고 사람이 자신의 이상을 위해 가능한 한 봉사했다면 죽음은 이미 아무 것도 바꿀 수 없기 때문이다.

삶의 의미는 어떤 것이 될 수 있는가? 자 여기에 다양한 관점들이 있다:

1. 삶의 의미는 삶 자체이며 삶과 그것의 기쁨을 즐기는 것, 그리고 시인이 말했듯이《조용한 행복》,《숨쉬고 사는 것》이다. 무언가 의미있는 일을 꼭 수행할 필요는 없다. 목표는 삶이지《목표》자체가 아니다.

2. 삶의 의미는 자기 자신에 대한 끊임없는 탐색과 실현, 자신의 완성을 향한 노력에 있다: 정의로움, 선량함, 진실함, 아름다움, 낙관주의, 공정성과 단정함, 자연스러움, 정연함, 활동의 결실.

3. 삶의 의미는 명상, 은둔, 자신의 노력으로 깨우침을 달성하는 것, 자기 완성의 과정, 신에게 봉사하는 것, 신과의 만남을 준비하는 것이다. 신의 사랑을 기만하지 않기 위해서는 살면서 무언가 의미있는 일을 해야 한다. 자신의 숙명을 이해하기 위해 노력해야 한다.

4. 삶의 의미는 사람들과의 관계, 사람들에게 봉사하는 것이다. 이것은 사랑, 우정, 가족, 정직한 노동, 조국 수호, 학문 발전, 예술에 대한 봉사, 자선 등

등이다.

5. 삶의 의미는 기도나 참회를 통해서, 자연을 통찰하거나 창작을 통해서 달성되어지는 영혼의 조화이다.

6. 삶의 의미는 자립과 굳건한 물질적 풍요를 성취하는 것, 그리고 사회의 모든 복지에 접근할 수 있게 해주는 권력을 성취하는 것이다.

7. 삶의 의미는 자긍심을 가지고 삶의 모든 시험대를 통과하여 사람들과 삶의 잔인성을 극복하고 모든 어려움을 견디어 낸 후 사람으로 남는 것, 패배하지 않고 분노를 품지 않은 채로 삶으로부터 떠나가는 것이다. 운명의 모든 끔찍함에도 불구하고 자신을 자제할 줄 알고 해이해지지 않는 것이다.

어떤 삶의 의미가 인간으로서의 가치가 있고 어떤 것이 그렇지 않다고 보입니까? 다른 사람에게 삶의 의미를 강요할 수 있을까요, 아니면 각자가 그것을 스스로 선택해야 할까요? 남성과 여성에게서, 노인과 젊은이들에게서 삶의 의미와 목표는 상이합니까, 아니면 똑같습니까? 당신 생각에 죽음보다 강한 것은 무엇입니까? 사랑? 우정? 창작?

1. 유사한 의미로 느껴지는 **предназначе́ние, судьба́, у́часть, уде́л**의 차이점을 이해해 보도록 하자.

предназначе́ние '숙명(즉 예정된 운명)'. 동사 предназна́чить(예정하다)에서 파생된 추상명사로서 미리 예정되어 있어 피할 수 없는 일이나 행위를 말할 때 쓴다.

· В чём предназначе́ние челове́ка – вот гла́вный вопро́с филосо́фии.
  인간의 숙명은 어디에 있는가 – 이것은 철학의 주요한 질문이다.

судьба́ '운명'. 고차원의 신비한 존재에 의해 정해져 인간이 그 진행 방향을 전혀 알 수 없는 일련의 사건 전개를 의미한다.

· Судьба́ люде́й и судьба́ кни́г мо́гут быть и счастли́выми, и несчастли́выми. 사람들의 운명과 책의 운명은 행복할 수도 있고 불행할 수도 있다.

у́часть 와 **уде́л** '운명'이라고 해석되지만, 대개 불행한 일이 닥치는 것에 대해 말할 때 쓴다.

· Уде́л (또는 у́часть) рабо́в – тяжёлый труд. 노예의 운명은 힘든 노동이다.

2. **служи́ть/послужи́ть** + 여격 ～에게(～을 위해) 봉사하다(служе́ние 봉사)

· Служи́ть Ро́дине – долг ка́ждого граждани́на.
  조국에 봉사하는 것은 모든 국민의 의무이다.

· Служе́ние Ро́дине и тру́дное, и почётное де́ло.
  조국을 위한 봉사는 힘들고도 영광스러운 일이다.

служи́ть/послужи́ть + 조격 ～ 으로서 근무하다

· Он слу́жит в а́рмии офице́ром, но ско́ро пойдёт в отста́вку.
  그는 군대에서 장교로 복무하고 있지만 곧 퇴역할 것이다.

· Он успе́л послужи́ть офице́ром совсе́м недо́лго, пото́м вы́шел в отста́вку. 그는 장교로서 아주 잠시 동안만 복무할 수 있었으며 그 다음에 퇴역했다.

1. Счастли́вый бо́льше бои́тся сме́рти, чем несча́стный.

2. Челове́к умира́ет, е́сли он никому́ не ну́жен.

3. Не ну́жно боя́ться страда́ний, они́ укрупня́ют челове́ка, на́до боя́ться прожи́ть гла́денькую, благополу́чную жизнь.

4. Живи́ так, что́бы Бо́гу бы́ло интере́сно!

5. Счита́йте свои́ ра́дости, а не го́ды, и вам не бу́дет страшна́ ста́рость.

6. Нельзя́ ждать поща́ды от судьбы́ – ей никогда́ не быва́ет сты́дно пе́ред челове́ком.

7. На́до жить ве́село и умере́ть краси́во!

8. Жизнь контроли́руется «си́льными» в бе́лых оде́ждах: акуше́рами, врача́ми, продавца́ми, пе́карями и а́нгелами.

9. Исто́рия равноду́шна к челове́ческим страда́ниям.

10. Челове́к умира́ет, когда́ в нём зака́нчивается ра́дость.

11. И смерть хо́чет умере́ть, забира́я к себе́ прекра́сного челове́ка.

12. Пло́хо, е́сли у челове́ка нет ничего́, за что он был бы гото́в умере́ть.

13. Смерть челове́ка похо́жа на него́ самого́.

14. Бессме́ртным быть ску́чно – одно́ и то же, одно́ и то же…

15. Жизнь – это стои́ческое сопротивле́ние страда́нию и злу.

16. Бесце́льно жить – ра́но умере́ть.

17. Сме́лого и смерть бои́тся (ру́сская посло́вица).

18. Цель жи́зни – не наслажде́ние или страда́ние, а единéние люде́й.

19. Смерть челове́ка, кото́рый успе́л что-то сде́лать, это собы́тие не печа́льное, а ра́достное: это поко́й, о́тдых бытия́. Бу́дет жить его́ де́ло.

1. Влюблённые даю́т друг дру́гу кля́твы умере́ть вме́сте. Одни́ зави́дуют тако́й си́ле любви́. Други́е счита́ют, что таки́е кля́твы дава́ть опа́сно, непра́вильно.

2. Кто мо́жет облегчи́ть смерть челове́ка? Юри́ст (челове́к уве́рен, что его́ земны́е дела́ в поря́дке)? Лю́ди духо́вного зва́ния (помо́гут освободи́ться от стра́ха, почу́вствовать свобо́ду от обя́занностей, помо́гут «переступи́ть поро́г»)? Семья́?

3. А: Что́бы цени́ть жизнь, на́до чита́ть кни́ги о войне́. Б: Что́бы наслажда́ться жи́знью, на́до чита́ть рома́ны о любви́ с хеппиэ́ндом. В: На́до чита́ть хоро́шую нау́чную фанта́стику.

4. Челове́к хо́чет поко́нчить с собо́й. Друг говори́т ему́, что пока́ жи́вы его́ роди́тели, он обя́зан жить, он – их со́бственность.

5. Свяще́нник уверя́ет отча́явшегося прихожа́нина, что на́до люби́ть себя́, ка́ждый челове́к – Бо́жий за́мысел! Но прихожа́нин счита́ет, что челове́к не есть больша́я це́нность: зача́ть, роди́ть ребёнка и подожда́ть 20 лет, вот вам и но́вый челове́к!

6. Что для ра́зных люде́й зна́чит фра́за «Для меня́ э́то не жизнь, а существова́ние»?

7. Два пожилы́х челове́ка в хо́списе бесе́дуют о про́житой жи́зни. Оди́н говори́т, что он во мно́гом раска́ивается, друго́й ничего́ не хоте́л бы поменя́ть в свое́й жи́зни.

8. А: Я по́лностью принима́ю жизнь: в ней мно́го све́та, ра́дости, очарова́ния! Б: Я по́лностью отверга́ю жизнь: в ней мно́го тёмного, ме́рзкого, запреде́льно жесто́кого. В: Жизнь нельзя́ ни приня́ть, ни отве́ргнуть по́лностью: в ней очарова́ние и у́жас переме́шаны, она́ одновреме́нно прекра́сна и тще́тна.

9. Друзья́ отгова́ривают своего́ прия́теля-тинэ́йджера от реше́ния

умере́ть, а он хо́чет поко́нчить с собо́й, что́бы его́ счита́ли геро́ем и поклоня́лись ему́ по́сле его́ сме́рти.

10. А: Про́жил жизнь пра́вильно тот, кто никому́ не де́лал и не жела́л зла, не врал, не предава́л. Б: Пра́вильно жил тот, кто извлёк из ка́ждого дня ма́ксимум ра́дости.

11. Де́вушка жа́луется прабабушке на свои́ пробле́мы и своё го́ре, та отвеча́ет ей, что да́же в го́ре жизнь хороша́. Ра́доваться на́до, что она́ (жизнь) ещё не ушла́.

12. Челове́к соверши́л самоуби́йство, потому́ что не вы́держал изма́тывающей конкуре́нции. Был ли у него́ друго́й вы́ход?

13. А: Сильне́е сме́рти то́лько любо́вь мужчи́ны и же́нщины! Б: Сильне́е сме́рти не то́лько любо́вь, но и дру́жба, и роди́тельская любо́вь: даре́ние друг дру́гу чу́вства надёжности, безопа́сности, подде́ржки, без э́того мир ка́жется пуга́ющим и опа́сным.

14. Разгово́р о бессме́ртии. А: В бу́дущем челове́к бу́дет жить в физи́ческом те́ле сто́лько, ско́лько захо́чет! Б: Легко́ ли бу́дет найти́ смысл бесконе́чной жи́зни? Ведь всё должно́ конча́ться, ина́че как мо́жно поня́ть, что что-то бы́ло?

15. Же́нщина рыда́ет на по́хоронах му́жа, её убежда́ют не де́лать э́того, что́бы не тра́тить си́лы поко́йного: он всё чу́вствует. На́до

принять во́лю того́, кто ушёл, согласи́ться с его́ ухо́дом. Ну́жно судьбу́ принима́ть всегда́ положи́тельно.

16. Разгово́р о том, что явля́ется свиде́тельством и́скренней любви́ к уше́дшим из жи́зни. Ча́стое посеще́ние кла́дбища? Ухо́д за моги́лой? Ве́рность им в душе́, па́мять?

17. Гене́тики размышля́ют, на́до ли бу́дет в бу́дущем «вы́резать» страх сме́рти из ге́нов челове́ка. Если убра́ть его́, не бу́дет войн, а е́сли не убира́ть – челове́чество не бу́дет боро́ться про́тив загрязне́ния приро́ды…

18. Су́дят двух де́вушек, кото́рые задуши́ли парализо́ванную же́нщину по её про́сьбе, пожале́ли её. Како́е реше́ние при́мет суд?

19. Де́вушка поко́нчила с собо́й из-за любви́. Одни́ счита́ют это проявле́нием сла́бости, други́е – при́знаком си́лы (любо́вь доро́же жи́зни, это вы́сшая це́нность).

20. А: При́зраков и привиде́ний нет! Б: Они́ существу́ют. Это ко́свенное доказа́тельство нали́чия у челове́ка «оболо́чки созна́ния».

21. Администра́ция микрорайо́на на совеща́нии реша́ет, ну́жно ли стро́ить хо́списы, где помо́гут лю́дям подгото́виться к неизбе́жному… Одни́ – за, други́е – про́тив.

22. А собира́ет де́ньги на «замора́живание» своего́ те́ла с це́лью «размора́живания» его́ в XXX ве́ке. Его́ дру́га Б э́тот план удивля́ет.

1. Жизнь – э́то Дар, кото́рый ну́жно бере́чь.

2. Смысл жи́зни.

3. Моя́ ве́ра в бессме́ртие.

4. И умира́я, вели́кие остаю́тся с на́ми.

5. Жизнь и смерть: что – добро́, а что – зло?

6. Смерть – не коне́ц, а перехо́д в но́вое состоя́ние.

7. Ма́ленькая хоро́шая жизнь лу́чше плохо́й и дли́нной.

8. За́втра – под вопро́сом, будь сча́стлив сего́дня!

9. То́лько тот про́жил жизнь не зря, кто про́жил её так, как хоте́л.

10. Жить – э́то зна́чит развива́ться, соверше́нствоваться.

11. Что́бы прожи́ть да́же са́мую обыкнове́нную жизнь, на́до сто́лько же му́жества, ско́лько солда́ту на войне́.

Дополнительный материал   보충 자료

Познако́мьтесь с ру́сскими посло́вицами о жи́зни и сме́рти. Скажи́те, кака́я вам бо́льше нра́вится и почему́.

삶과 죽음에 대한 러시아 속담을 익혀보십시오.

어떤 것이 가장 마음에 들며 그 이유는 무엇입니까?

Русские пословицы   러시아 속담

• **Мы́сли за гора́ми, а злы́дни за плеча́ми.**

생각은 산 너머에 가 있는데, 불행은 어깨 너머에 와 있다.

• **Челове́к предполага́ет, а Бог располага́ет.**

예정은 인간이 하지만 결정은 신이 한다(인간은 일이 자신의 생각대로 진행될 것이라고 예상하지만, 신의 뜻이 다를 경우 언제든 예기치 못한 일을 당할 수 있다는 뜻).

• **Бу́дет досу́г, когда́ вон пронесу́т.**

저 너머로 데려가지면 한가한 시간이 올 것이다(사람은 죽어서야 한가할 수 있다는 뜻).

• **Двум смертя́м не быва́ть, а одно́й не минова́ть.**

두 번 죽는 일은 없지만, 한 번이라고 피해갈 수 있는 것은 아니다.

• **На миру́ и смерть красна́.**

사람들과 함께 있으면 죽음도 아름답다(여기서 мир는 러시아 전통의 농촌 공동체를 의미하며 красна는 красива의 옛날 말이기도 하다. 즉 사람들과 함께 있으면 죽는 것도 그리 힘들지 않다는 의미로서, 함께 사는 삶의 가치에 대해 말해 주고 있다).

부록 1

러시아어 대화에 전형적으로 등장하는 표현 목록

Приложение 1

Список речевых стереотипов, типичных для
русской беседы

Частотные речевые стереотипы

1. Вы гото́вы (говори́ть)? (Дава́йте) начнём на́шу бесе́ду. Не бу́дем теря́ть вре́мени – присту́пим.

2. (Дава́йте) пожела́ем себе́ успе́шной рабо́ты. Приложи́м (все) уси́лия, что́бы бесе́да была́ интере́сной.

3. У меня́ (к вам) (есть) (тако́й) вопро́с[5]. Мо́жете не отвеча́ть, е́сли не хоти́те….

4. Скажи́те, что вы ду́маете о…?. Ва́ше отноше́ние к э́тому? Ва́ша пози́ция? Как вы на э́то смо́трите? Как вы к э́тому отно́ситесь?[6]

5. Послу́шаем (вас, ваш отве́т). Мы все (вас) слу́шаем. (Говори́те) ме́дленно. Чётко. Споко́йно. По поря́дку.

6. Да́йте поду́мать. Мину́точку, я поду́маю. Я всё обду́маю, а пото́м отве́чу.

7. Вопро́с поня́тен. Бу́ду отвеча́ть. Охо́тно (с удово́льствием) отве́чу. Е́сли вам интере́сно, я вы́скажу своё мне́ние.

8. Мне близка́ (интере́сна) э́та те́ма. Мне *есть* что сказа́ть. Вы́скажу своё мне́ние, *вот* оно́:… Моя́ пози́ция (така́я):… // Я далёк от э́той те́мы (мне неинтере́сна э́та те́ма). Мне не́чего сказа́ть.

9. Мне ка́жется… Я ду́маю, что… Я уве́рен, что… Я убеждён, что…

---

5) Вариа́нты: Я хочу́ спроси́ть *вот* что. Я зада́м вам вопро́с. Начнём с вопро́са о… Вопро́с (ещё) тако́й. Отве́тьте (мне) на тако́й вопро́с… Кста́ти, а вот тако́й вопро́с… Вот я спрошу́ (вас):… Скажи́те два сло́ва (немно́го) о… Скажи́те па́ру слов о… У меня́ возни́к вопро́с…

6) Вариа́нты: Каки́е мне́ния бу́дут? Ва́ша то́чка зре́ния? Ваш взгляд (на э́ту пробле́му)? Есть каки́е-то соображе́ния (мн.ч.)? Что вы об э́том мо́жете сказа́ть? (А у вас) *что* есть сказа́ть? *Име́ете* что сказа́ть? *Ещё* мне́ния (=ещё мне́ния *есть*)? Что вы хоте́ли сказа́ть? А тепе́рь *ва́ше* мне́ние (скажи́те).

10. Скажу́ ко́ротко / Бу́ду кра́ток (кратка́) / Бу́ду кра́тким (кра́ткой). Е́сли говори́ть ко́ротко….

11. Я поня́тно говорю́? Поня́тно, что я говорю́?

12. Да, понима́ю вас (=понима́ю то, что вы говори́те), о́чень (хорошо́) понима́ю. // Я не по́нял, что вы сказа́ли[7]. Я вас не по́нял, ещё раз (скажи́те).

13. Попра́вьте (меня́), е́сли я ошиба́юсь / е́сли я не пра́в.

14. Это о́чень интере́сно, что вы говори́те. Продолжа́йте. О́чень любопы́тно. Мы вас слу́шаем внима́тельно. Слу́шаем с интере́сом.

15. Пре́жде всего́… Да́лее… Зате́м… Ещё…. Сле́дующее…. Тепе́рь о……[8] И, наконе́ц, после́днее… И так да́лее (и тому́ подо́бное). Мо́жно мно́го на э́ту те́му говори́ть. Вот тепе́рь всё. Вот всё, что я хоте́л (могу́) сказа́ть.

16. Кто́-нибудь что́-нибудь хо́чет доба́вить? Кто ещё хо́чет (сказа́ть)? Вам сло́во. А сейча́с я (скажу́).

17. Где́-то я чита́л и́ли слы́шал, что… По не́которым да́нным… Стати́стика пока́зывает (говори́т), что… Хоти́те фа́кты? Вот документа́льный факт, суха́я стати́стика:…[9] Я слы́шал таку́ю вещь. Есть (существу́ет) мне́ние, что… Была́ статья́ в газе́те, там бы́ло *вот*

---

7) Вариа́нты: Что вы име́ете в виду́, когда́ говори́те «кри́зис»? В како́м смы́сле «кри́зис»?

8) Вариа́нты: Снача́ла… Пе́рвое… Второ́е… Тре́тье… /…– это раз,… – это два, … – это три. / Во-пе́рвых…, во-вторы́х…, в тре́тьих…, И ещё я ду́маю, что… Наконе́ц… Она́ челове́к «а» – просто́й, «бэ» – че́стный, «вэ» – трудолюби́вый! И ещё – краси́вая! Ещё не всё…. Ещё одно́…. Наконе́ц, после́днее…

9) Вариа́нты: Я (где́-то) прочита́л (в одно́й кни́ге), что… Ча́сто говоря́т (ча́сто слы́шу)… / Мне сказа́ли (мне расска́зывали, мне кто́-то говори́л), что… В наро́де говоря́т, что… Исто́рики говоря́т (=счита́ют), что… Сокра́т сказа́л (= говори́л), что… Я ви́дела в фи́льме…Я смотре́ла фильм, он осно́ван на реа́льных собы́тиях. Како́й-то фильм был, там бы́ло так:… Мно́го пи́шут и говоря́т о…

что…

18. Приведу́ приме́р. Я по́мню тако́й слу́чай.[10]

19. Я ду́мал об э́том и пришёл к тако́му вы́воду. Хоти́те знать моё мне́ние? Я могу́ ошиба́ться, но я ду́маю *так*… То, что я говорю́, моё сугу́бо ли́чное мне́ние. Это то́лько мой у́гол зре́ния, моя́ пози́ция.

20. Я это зна́ю по ли́чному о́пыту (из ли́чного о́пыта)…

21. Хорошо́ сказа́л (-а!) Хоро́шая мысль! Мысль пра́вильная. Это пра́вильно. Золоты́е слова́. Вы (абсолю́тно) пра́вы. Абсолю́тно пра́вильно говори́те. Я ду́маю так же[11].

22. Не могу́ присоедини́ться к ва́шему мне́нию. Я ду́маю по-друго́му. У меня́ друго́е мне́ние. Я так не счита́ю[12].

23. Вы (одновреме́нно) пра́вы и не пра́вы. С одно́й стороны́… С друго́й (стороны́)… У ка́ждого (челове́ка) своя́ пра́вда. В ка́ждой то́чке зре́ния есть до́ля и́стины.

---

10) Вариа́нты: Я зна́ю тако́й приме́р. Я *мно́го* приме́ров зна́ю. Ма́сса (есть) приме́ров. Просто́й приме́р. Элемента́рный приме́р. Типи́чный приме́р. Вот приме́р – невы́думанный слу́чай.

11) Вариа́нты: Бра́во! Гото́в подписа́ться под э́тим. Во всём вас подде́рживаю. Я вас подде́рживаю на 100%. Я хочу́ поддержа́ть то, что вы сказа́ли. Вы пра́вильно говори́те. Я присоединя́юсь к ва́шим слова́м. Я целико́м и по́лностью согла́сен (абсолю́тно согла́сен) с ва́ми (=с ва́шей мы́слью) и категори́чески не согла́сен с други́ми (то́чками зре́ния/выступа́вшими). Вы не представля́ете, как я с ва́ми согла́сен! Я с э́тим охо́тно соглашу́сь (=согла́сен). Я да́же аплоди́рую. Я солида́рен с ва́ми. В э́той диску́ссии я (по́лностью) на ва́шей стороне́.

12) Я не согла́сен принципиа́льно, соверше́нно не согла́сен. Не соглашу́сь с ва́ми. Вы ошиба́етесь! Объясню́, почему́… Я не разделя́ю таку́ю то́чку зре́ния. Я друго́го мне́ния. У меня́ друга́я пози́ция, друго́й взгляд. Я так не счита́ю.

24.

Наоборо́т.	И наоборо́т.
Я ду́мала, любо́вь сде́лает меня́ **счастли́вой**. Наоборо́т. Я ста́ла несча́стной.	Когда лю́бишь, всё проща́ешь. **И наоборо́т**[17]. Когда не лю́бишь – не проща́ешь ничего́.

25. Ситуа́ция типи́чная, (так) ча́сто быва́ет. // Нельзя́ обобща́ть, всё индивидуа́льно.

26. Сло́жный вопро́с. Вы за́дали вопро́с, кото́рый не име́ет отве́та. Отве́тить однозна́чно сло́жно.

27. Я не шучу́. Я серьёзно. // Шучу́. Не принима́йте всерьёз, что я сказа́л (-а).

28. Перебью́ вас, мо́жно? На секу́ндочку перебью́. Ничего́, что я вас прерыва́ю?

29. Извини́те, я ещё не ко́нчил (не зако́нчил). Не перебива́йте. Это ещё не всё.

30. Гла́вный вы́вод из разгово́ра тако́й[14].

31. Как ни жаль, а на́до проща́ться. На́ше вре́мя истека́ет (истекло́). Аплодисме́нты (выступа́вшим), пожа́луйста. Аплоди́руем им за сме́лость.

32. Всех благ! Уда́чи (всем). Уда́чи вам (в дела́х), сча́стья, здоро́вья, терпе́ния, исполне́ния всех жела́ний! Оптими́зма (вам)! И побо́льше положи́тельных эмо́ций! Сча́стья и но́вых успе́хов во всём.

---

13) Типи́чная оши́бка: употребле́ние сло́ва «наоборо́т» (=происхо́дит противополо́жное ожида́емому) вме́сто словосочета́ния «и наоборо́т» (=в противополо́жной ситуа́ции происхо́дит противополо́жное).

14) Вариа́нты: Резюми́руем. Обобщи́м. Подыто́жим. Мы пришли́ к единоду́шному мне́нию, что… Мне́ния ра́зные, но в одно́м сошли́сь все (уча́стники бесе́ды): пробле́му на́до реша́ть сро́чно.

33. Спаси́бо (всем) за внима́ние, за отве́ты, за интере́сную бесе́ду, за интере́сные выска́зывания. Отде́льное спаси́бо гостя́м. Всегда́ рад(-а) вас ви́деть. Вы интере́сные лю́ди. С огро́мным интере́сом слу́шал(-а) вас. Вы рассказа́ли нам мно́го интере́сного. Спаси́бо за акти́вность, акти́вное уча́стие в бесе́де[15].

34. (Я) приглаша́ю всех для фотографи́рования

35. Бу́дем в конта́кте. Бу́дем держа́ть связь. До но́вых встреч.

---

[15] У нас получи́лся глубо́кий разгово́р. Бесе́да получи́лась. Говори́ть с ва́ми (бесе́довать с тако́й аудито́рией) – одно́ удово́льствие. С ва́ми бы́ло о́чень интере́сно. Была́ увлека́тельная (увлека́тельнейшая), серьёзная, констру́кти́вная бесе́да. Мне понра́вилось. Спаси́бо за сего́дняшний разгово́р. Спаси́бо за полноце́нное обще́ние.

С р а в н и т е:

Спаси́бо *вам* за наш разгово́р.

Я благодарю́ *вас* за наш разгово́р.

Я благода́рен (-рна) *вам* за э́тот разгово́р.

Благодаря́ вам у нас был интере́сный разгово́р.

Благодаря́ о́бщим уси́лиям был интере́сный разгово́р и всё прошло́ хорошо́.

부록 2

텍스트 이해를 위한 주제별(1~8) 핵심 단어와 표현들

Приложение 2

Ключевые слова и выражения к темам 1~8

주제 1. 나이에 관하여, 혹은 한 해 또 한 해, 하루 또 하루

1.

где (у кого) при́нято + инф   ~하는 것이 ~에게 허용되다

окружа́ющие = окружа́ющие (кого́) лю́ди   ~를 둘러싼 사람들, ~의 주위 사람들

пожило́й   초로(初老)의 (대개 50대 후반에서 70대 이전까지의 연령에 대해 말함)

умудрённый   학식, 경험 등이 풍부한

2.

иносказа́тельно   비유적으로

же́нщина бальза́ковского во́зраста   발자크 연령대의 여자(대략 30~40세의 여성들을 농
담조로 지칭하는 표현. 19세기 전반 프랑스 소설가 오노레 드 발자크의 소설 〈서른 살 먹은 여자〉에
서 유래한 말)

3.

отмеча́ть пра́здник (день рожде́ния…) широко́ (скро́мно)   축일(생일 등)을 성
대히(조촐하게) 기념하며 보내다

ника́к не отмеча́ть пра́здник (день рожде́ния…)   축일(생일 등)을 전혀 기념하며 보
내지 않는다

кру́глая да́та   둥근 날짜 (중요 기념일에 대해 그것의 5주년, 10주년, 15주년, 20주년 등등 5단위
혹은 10단위로 묶이는 중요 기념 연도의 해당 날짜. 예를 들어 '결혼 15주년 기념일')

отмеча́ть что в у́зком кругу́ + кого   좁은 범위의 ~들과 함께 ~을 기념하며 보내다

у́зкий круг ро́дственников (друзе́й)   좁은 범위의 친척들(친구들)

сре́дства (зд. де́ньги)   재원(돈)

4.

по ме́ре того́, как течёт вре́мя   시간이 흘러감에 따라

со вре́менем   시간에 따라

от вре́мени   시간으로 인해

5.

стесня́ться во́зраста   나이에 대해 말하기 꺼려하다

горди́ться во́зрастом   나이에 대해 자부심을 갖다

прибавля́ть (убавля́ть) себе́ го́ды   자신의 나이를 늘려 말하다(줄여 말하다)

6.

приня́ть табле́тку   알약을 먹다

эликси́р мо́лодости   젊음의 영약

возрастны́е привиле́гии   나이에 따른 특권

возрастна́я дискримина́ция   나이에 따른 차별

прие́м на рабо́ту   채용

опла́та труда́   급료 지급

места́ о́тдыха   휴식 장소 (레스토랑, 디스코텍 등등)

7.

почита́ть кого́, что за что   ~를 ~라는 이유로 존중하다

кто заслу́живает уваже́ния   ~는 존경을 받을 자격이 있다

нести́ двойну́ю нагру́зку   이중의 부담을 지다

мла́дшие   나이가 더 적은 사람들

ста́ршие   연장자들, 나이가 더 많은 사람들

8.

де́тство   유년기 (대략 2세부터 12세까지)

о́трочество   소년기 (대략 13세부터 17세까지)

ю́ность   청년기 (대략 17세부터 25세 정도까지)

младе́нец   영아 (갓 태어나서 대략 1세 정도까지의 아기)

ма́ленький ребёнок   유아, 어린 아이 (대략 2세로부터 6세 정도까지)

подро́сток   미성년 아이, 청소년 (대략 12세에서 16세까지)

ю́ноша   (남성) 청년 (대략 17세부터 25세까지)

симпати́чный   호감이 가는

обая́тельный   매혹적인

изму́чить : кто изму́чен чем   ~가 ~에 의해 쇠약해지다

вну́тренне засте́нчивый   내적으로 소심한

трево́жный   불안해하는

9.

полноце́нная мо́лодость   가치 있는 젊음

обща́ться с кем   ~와 교류하다

добива́ться це́ли   목표를 달성하다

серьёзная мо́лодость   심각한 젊음

10.

мо́лодость   젊음

зре́лость   성숙함

тре́тий во́зраст (зд. во́зраст по́сле 60 лет)   세 번째 연령대, 즉 60살 이후의 연령

주제 2. 빵 앞에서는 모두가 평등하다

1.

объяви́ть вечери́нку   파티를 공고하다

обы́чное о́бщество   일반적인 사람들

изы́сканное о́бщество   세련된 사람들

2.

уме́ть краси́во есть   아름답게, 우아하게 먹을 수 있음

сервирова́ть стол   식탁을 세팅하다, 식탁을 차리다

дипломати́ческий приём   외교 리셉션

в кругу́ семьи́   가족과 함께, 가족끼리

наедине́ с собо́й   혼자서 (다른 누구 없이)

3.

голода́ть   굶주리다

быть голо́дным   배고프다

осторо́жные лю́ди   신중한 사람들

поле́зный   (건강에) 도움이 되는

4.

зака́зывать/заказа́ть обе́д на́ дом   음식을 집으로 주문하다(배달시키다)

кулина́рная кни́га   요리책

гото́вить с душо́й   정성을 담아 요리하다

в одино́честве   홀로, 외로이

в компа́нии   모임 속에서, 사람들과 같이

5.

пита́ться   음식을 섭취하다, 먹다

ра́зные вку́сы   입맛이 다르다

6.

устра́ивать/устро́ить разгру́зочный день   식사량을 줄이는 날을 선정하다

отка́зываться от еды́   음식을 거부하다, 먹지 않다

гурма́н   미식가

чревоуго́дник   대식가

7.

национа́льная ку́хня   민족 음식

ме́стные жи́тели   현지인

непривы́чная пи́ща   익숙하지 않은 음식

8.

культу́ра пита́ния   음식 문화

есть (по́льзоваться) па́лочками   젓가락으로 먹다

주제 3. 스포츠와 춤: 마술과 같은 움직임의 세계

1.

движе́ние   움직임, (신체의) 운동

я́ркие эмо́ции   생생한 느낌

ра́дость жи́зни   삶의 기쁨

2.

хра́ктер на́ции   국민성, 민족성

нциона́льная еда́   그 나라의 음식, 그 민족의 음식

спо́соб мышле́ния в простра́нстве   공간적 사고방식

спорти́вные мероприя́тия   체육행사

3.

бесце́льная тра́та вре́мени   목표 없는(쓸데 없는) 시간 낭비

4.

большо́й спорт   대규모 스포츠 (큰 규모로 전문적으로 행해지는 스포츠)

   – ма́лый спорт   소규모 스포츠 (학교체육, 사회체육 등의 스포츠)

большо́й би́знес   대규모 사업

де́лать де́ньги на чём   ~으로 돈을 벌다

материа́льно незави́симый   물질적으로(금전적으로) 독립된

5.

недалёкие лю́ди   미련한 사람들

ви́ды спо́рта   스포츠 종목(들)

перегру́зки   (운동, 일의) 과부하

упо́рный труд   꾸준한 노력

тво́рческий подхо́д   창의적인 접근방법

высо́кие мора́льные ка́чества   높은 도덕적 자질

звезда́ кино́   영화의 스타

6.

комфо́рт   안락함

сужде́ние   판단, 견해

ген   유전자

Ге́ны перебор́о́ть нельзя́.   유전자를 이기는(극복하는) 것은 불가능하다

физи́ческие нагру́зки   육체적인 부담

7.

результа́т уси́лий   노력의 결과

суди́ть о чём по чему́   ~에 의해 ~을 판단하다

госуда́рственные достиже́ния   국가적 업적

успе́хи систе́мы образова́ния   교육제도의 업적 (успех가 복수형태 успехи로 쓰일 경
   우 '성공'이 아니고 업적을 의미한다)

ка́чество пита́ния   식생활 수준

8.

чи́сто мужски́е ви́ды спо́рта   완벽하게 남성들만의 스포츠 종목들

9.

владе́ть те́лом   몸을 마음대로 가눌 줄 알다

лю́ди с ограни́ченными возмо́жностями   제한된 능력을 가진 사람들, 장애인

10.

наблюда́ть за игро́й   시합을 지켜보다(구경하다)

повыша́ть то́нус   (신체, 정신 등의) 활동력을 높이다, 원기를 회복하다

снима́ть стре́ссы (уста́лость)   스트레스(피로)를 해소하다

11.

оптимисти́ческий (пессимисти́ческий) прогно́з   낙천적인(비관적인) 예측

от приро́ды   천성적으로

уделя́ть большо́е внима́ние чему   ~에 많은 관심을 할애하다

физи́ческое соверше́нство   육체적 완벽 상태

акти́вно занима́ться спо́ртом   스포츠를 적극적으로 하다

주제 4. 이 신비로운 동물들…

2.

экзоти́ческое живо́тное   이국적인 동물

3.

свяще́нное живо́тное   신성한 동물

4.

кто (что) вызыва́ет брезгли́вость у кого́   ~이 ~의 마음에 혐오감을 불러 일으키다

5.

дань мо́де   유행을 따라가는 것

завести́ живо́тное   동물을 기르기 시작하다

изба́виться от кого́ (чего́)   ~로부터 벗어나다

показна́я любо́вь   겉모양만의 사랑

6.

снима́ть/снять стресс   스트레스를 해소하다

спаса́ть/спасти́ кого́ (что) от кого́ (чего́)   ~을 ~로부터 구하다

оше́йник   (동물용) 목걸이

7.

бра́тья ме́ньшие   작은 형제들

раско́ванный   속박 받지 않는, 자유로운

снима́ть/снять боль (депре́ссию)   고통(우울함)을 제거하다

не́рвная систе́ма   신경계

стере́чь   ~을 파수보다, 경호하다

взрывча́тка   폭발물

8.

зре́лище   광경, 볼거리

при ви́де кро́ви   피를 볼 때

матадо́р   투우사

преодолева́ть/преодоле́ть страх   공포를 극복하다

игра́ со сме́ртью   죽음과의 게임

национа́льная тради́ция   민족적인 전통

ги́бель живо́го   생물의 죽음

пробужда́ются жесто́кие инсти́нкты   잔인한 본능이 불러일으켜진다

вы́сшие чу́вства   고상한 감정

подавля́ть/подави́ть   누르다, 억압하다

9.

пробле́мная осо́бь в популя́ции   집단 속의 문제성 많은 개체

аза́рт   (도박적인 성격의) 흥분, 열광

огнестре́льное ору́жие   총기, 총포류

ре́дкие и исчеза́ющие ви́ды живо́тных   드물고 사라져 가는 동물 종류

натура́льная ко́жа   천연 가죽

10.

нау́чно дока́занный факт   학술적으로 증명된 사실

схо́дные черты́   유사한 특성들

физиоло́гия   생리학

неприя́тие чужако́в   낯선 이를 받아들이지 않는 것

иерархи́ческая структу́ра   위계질서적 구조

самопоже́ртвование   자기 희생

свобо́да во́ли   의지의 자유

проника́ть/прони́кнуть в ко́смос   우주로 침투해 들어가다

раска́яние   후회

созна́тельно соверша́ть/соверши́ть зло   의식적으로 악을 행하다

подо́бный чему́, кому́   ~과 유사한

пани́чески   경악할 정도로, 극도로

острота́ зре́ния   날카로운 시력, 시각의 예민함

обоня́ние   후각

принима́ть/приня́ть что во внима́ние   ~을 고려해 넣다

вене́ц Вселе́нной   세상의(우주의) 왕관(총아)

верши́на Творе́ния   창조물들 중의 으뜸

주제 5. 재능은 땅 위의 귀중한 손님이다

1.

от рожде́ния   태어날 때부터

развива́ть/разви́ть тала́нт   재능을 발전시키다

обы́чный, сре́дний челове́к   평범한, 보통의 사람

зубрёжка   기계적으로 외우기

2.

дви́гательный   운동의, 움직이는

создава́ть   창조하다, 만들어내다

принципиа́льно   원칙적으로 새로운 것을 창조하는, 발견의 능력

3.

своеобра́зный дар   독특한 재능

име́ть до́ступ к чему́   ~에 접근할 수 있다

обезвре́живание   해가 없게 함, 위험 제거

взрывно́е устро́йство   폭발 설비 (시한 폭탄 등)

4.

в ра́зное вре́мя   서로 다른 시기에

выдаю́щиеся спосо́бности   뛰어난 능력들

овладе́ние ре́чью   언어 구사 능력 습득

счёт в уме   암산

далеко́ не все   모두가 ~인 것은 전혀 아니다

опережа́ть/опереди́ть   추월하다

вырыва́ться вперёд   앞으로 튀어나가다

5.

пробива́ть/проби́ть себе́ доро́гу   자신을 위한 길을 뚫다

престиж   권위

отдавать/отдать себя делу полностью   자신을 일에 완전히 바치다

6.

невосполнимая утрата   보상될 수 없는 손실

востребованность таланта   재능에 대한 요구

7.

исполнительность   수행 충실성 (지시한 대로 실행하는 정도)

развитие творческих способностей   창조적 능력의 개발

8.

среда   환경, 소속된 사회

передаваться по наследству   유전으로 전해지다, 유전되다

гений приходит ниоткуда   천재가 특정한 곳으로부터 탄생하는 것은 아니다.

9.

мало кто   ~인 사람은 적다

полноценный   규칙 대로의, 기준 대로의, 표준적인

10.

звёздная болезнь   스타병(=왕자병)

открыто гордиться чем   ~을 공개적으로 자랑스러워하다

посредственность   평범한 사람

парализовать   마비시키다, 무력하게 만들다

приводить/привести к успеху   성공으로 이끌어지다

11.

аморальный   부도덕한, 비윤리적인

высокомерный   거만한

эгоистичный   이기적인

поведение   행동

주제 6. 기술에 관하여, 혹은 손으로 만들어낸 기적들

1.

техника   기술, 기술 장비, 기계

техническое чудо   기술의 기적

свѐрхзвуковой самолёт 초음속의

плаѐвающий аэродроѐм 항공 모함

спуѐтник свяѐзи 통신 위성

2.

в востоѐрге от когоѐ/чегоѐ ~으로 인해 환희에 차다

произносиѐть/произнестиѐ тост 건배를 위한 인사말을 하다

венчаѐть 결혼시키다

новобраѐчные 신혼부부

двореѐц бракосочетаѐний 예식장

поѐлностью компьютеризиѐрованная 완전히 컴퓨터화된(컴퓨터 시스템화된)

диѐкость 야만성

отставаѐние от чегоѐ ~로부터 뒤떨어짐

3.

экраѐнная страниѐца 화면 페이지

4.

пиѐсьмо, напиѐсанное от рукиѐ (=письмо от руки) 손으로 쓴 편지

позапроѐшлый век 전근대 시기 (글자 그대로의 번역은 '지지난 세기', 즉 19세기이지만, 러시아
어에서 이 표현은 반드시 19세기만이 아닌 그 이전의 더 오래된 시대까지를 가리킬 수 있다.)

5.

компьюѐтерная играѐ 컴퓨터 게임

расширяѐет кругозоѐр 시야를 넓혀주다

познаваѐтельная играѐ 지식을 얻게 하는 게임

виртуаѐльная реаѐльность 가상 현실(=virtual reality)

6.

истоѐчник знаѐний 지식의 원천

разжаѐлобить 동정심을 불러 일으키다

Кто разжаѐлобит когоѐ ~가 ~로 하여금 동정심을 가지게 하다 (여기서는 когоѐ가 теѐхннику임)

7.

безжаѐлостно 무자비하게

леѐность 게으름

отучаѐть 그만두게 만들다

ха́керство   해커 행위

шпиона́ж   스파이 행위

8.

обраща́тьсяс   ~를 취급하다, 다루다

нови́нка   새로운 것, 새로 나온 물건

звено́   고리

сла́бое звено́   취약한 고리, 사고의 원인 (исто́чник ава́рий)

надёжный   믿을 만한, 안전한

кто с те́хникой на ты   ~는 기계를 잘 다룰 줄 알다

разбира́ться в те́хнике   기계를 잘 이해하다

кто с те́хникой на вы   ~는 기계를 다룰 줄 모르다, 문외한이다, 기계치이다

9.

сокро́вище   보물

нра́вственный   정신적인, 도덕적인

주제 7. 교육 혹은 금팔찌처럼 빛나는 것

2.

расхва́ливать/расхвали́ть   극구 칭찬하다

Век живи́ – век учи́сь   살아 있는 내내 배워야 한다 (러시아 속담)

кусо́к хле́ба   생계 수단

напряга́ться/напря́чься   긴장하다, 힘들게 노력하다

неда́ром   까닭이 있는, 이유가 있는

грызть   물어 뜯다

гранит   화강암

грызть грани́т нау́ки   학문의 화강암을 물어 뜯다 (학문을 성취해 가는 길이 마치 화강암 조각을 하나씩 물어 뜯어 내는 것처럼 어려운 일임을 비유하는 말)

у́горь   장어

лови́ть за хвост угря́ нау́ки   학문이라는 장어(長魚)의 꼬리를 붙잡으려 하다 (학문을 성취해 가는 길이 마치 미끄러운 장어의 꼬리를 붙잡으려 하는 것처럼 어려운 일이라는 것을 비유하는 말)

де́лать де́ньги   돈을 벌다

в зре́лые го́ды   나이가 들어서, 성숙한 연령대에

недоучи́ться   충분히 배우지 못하다

заучи́ться   지나치게 공부하다

пробива́ть себе́ доро́гу   자신의 진로를 개척하다

3.

разбира́ться в чём хорошо́ (отли́чно)   ~에 대해 잘 알다

разбира́ться в чём пло́хо (сла́бо)   ~에 대해 잘 모르다

уделя́ть/удели́ть внима́ние чему́   ~에 주의를 기울이다

предуга́дывать/предугада́ть   예측하다

пригожда́ться/пригоди́ться (что пригоди́тся кому)   ~가 ~에게 유용하게 되다,
   쓸모가 있게 되다

5.

заве́домо   이미 알려진 것처럼, 이미 알고 있는 상태에서

навя́зывать/навяза́ть   강요하다, 강제로 시키다

6.

отчуждённый   고독한, 사람들로부터 낯설게 된

8.

всео́бщий   보편적인, 전체적인, 전체에 해당하는

чёрная рабо́та   검은 일 (단조로운 노동을 필요로 하는, 육체적으로 힘든 일을 비유하는 말)

находи́ть/найти́   발견하다. ~라고 생각하다

10.

красть/укра́сть   훔치다, 도둑질하다

кража   훔치는 것, 절도

11.

уде́рживаться/удержа́ться   (자신을) 지탱하다

ло́жная це́нность   거짓 가치

не́уч   무식한 사람

снисходи́тельно   마음속으로 거만하게 (정확한 뜻은 '겉으로는 관대한 척하지만 마음속으로는
   거만하게'라는 뜻이다)

1.

щу́ка 꼬치고기

дожива́ть/дожи́ть 생격, ~까지 살다

прожива́ть/прожи́ть 대격, ~기간을 살다

2.

вене́ц 왕관, 총아

за́мысел 구상, 의도

тро́стник 갈대

червя́к 애벌레, 유충

разда́вливать/раздави́ть 짓눌러 부수다

пыли́нка 먼지

уще́рбный 손상되어 가는, 이지러져 가는

3.

актуа́льность 현실성, 실재성, 현실적 중요성

эвтана́зия 안락사

милосе́рдия 자비

прекраще́ние 정지, 중지

бана́льный 진부한, 흔히 존재하는: 저속한

разреши́мый 해결 가능한

4.

доброво́льно 자발적으로

аргуме́нт 논리의 근거, 논거

недооце́нивать/недооцени́ть 과소평가하다

обстоя́тельство (보통 복수로 사용됨) 사정, 처지, 상황

преодолева́ть/преодоле́ть 극복하다

5.

разлу́ка 헤어짐, 이별

исправля́ть/испра́вить 바로 잡다, 수정하다, 고치다

6.

сме́ртный 죽어야 할 운명의, 죽을 수밖에 없는 (сме́ртная казнь 사형)

воплоща́ться/воплоти́ться во что   ~로 구현되다, ~로 형상화되다

существова́ние   존재함, 생존

7.

символи́ческий   상징적인

бессме́ртие   불사, 불멸

пото́мки   후손들

биологи́ческий   생물학적인

виртуа́льная реа́льность   가상 현실

полноце́нный   가치가 충만한

8.

ткань   (신체)조직

о́рган   장기

состоя́тельный   재산이 있는, 풍족한

малоиму́щий   재산이 적은, 가난한

реамина́ция   소생술

отде́льный   개별적인

продлева́ть/продли́ть   연장하다, 더 길게 하다

9.

дорожи́ть чем   ~을 소중히 여기다

объединя́ть/объедини́ть   연합시키다, 단결시키다

разъединя́ть/разъдини́ть   분리시키다, 절연시키다

бре́нный   무상한, 쉽게 사라질 운명의

неизве́данный   경험해 본 적이 없는, 미지의

мни́мый   가상의, 허위의

фальши́вый   허위의, 위선의

10.

цени́ть что   (불완료상만 존재) ~을 가치 있게 여기다, ~의 가치를 높이 평가하다

однообра́зный   단조로운

репети́ция   예행 연습

бесшу́мно   조용히, 소리 없이

дубль   (영화에서) 재촬영

11.

созерца́ние   명상, 통찰, 직관

служе́ние   봉사, 기도

выста́ивать/вы́стоять   얼마 동안 서있다, 견디어 내다, 인내하다

озлобля́ться/озлоби́ться   분노하다, 화를 내다